如何写学术论文

How to Write Academic Papers

最新版

宋楚瑜 ◎ 著

北京大学出版社　九州出版社
PEKING UNIVERSITY PRESS　JIUZHOUPRESS

谨以此（中文简体字版）书献给我的挚爱陈万水，
生生世世……

1965年作者首次与夫人陈万水在其母校美国旧金山大学天主教堂前合影

中文简体字版自序

*

之所以会出版《如何写学术论文》这本书，是有一些缘由的，说来与我从事学术研究，以及曾经投入图书馆工作有关。

我于 1965 年赴美，主攻国际政治，但为维持家计与赚取学费，先于美国西岸的加州大学伯克莱分校一边攻读硕士，一边在图书馆打工。后来又到华盛顿就读乔治城大学博士班，也同样为经济的原因，在美国研究图书馆协会中国研究资料中心担任兼职专任编纂，主要做的也是在图书馆书堆中找资料的事。

攻读博士班时另有一度休学的插曲，那是为了要在天主教大学图书管理学系取得硕士学位。当时在入学天主教大学前的暑期，还利用这段空档，先赴芝加哥大学图书馆研究所，参与为期五周的东亚图书馆研习班进修，开启我对书目学的启蒙训练。

在每阶段的求知过程中，我总是时时问自己："我的求知目的是什么？"尤其愈往学术顶端时，这个问题愈是迫切。不错，当初想要攻读图书馆学位，的确与生活、生计、养家糊口有关。但是这门学问对我大有启发，它不仅帮助我完成学位，也借着图书馆学的科学方法，精炼了我未来求知之钥，与处理事务的逻辑思路。

也就是基于这样的思考与初衷，回到台湾担任公职以后，即使公务羁身，也仍然勉力撰书，将过去追求学问所遭遇的困难与瓶颈，一一加以条列，梳整成理路，佐以实例与新数据，提出克服的方法与步骤,希望对莘莘学子有所帮助,期能减少不必要的困扰或挫折。

其实,如何写学术论文,不仅是文字修辞,尤是逻辑思维的磨砺淬炼。亦即人作为宇宙万物的一个主体,在观察、理解、认知、求知的过程里,将获得的信息与材料化作概念,运用概念进行判断,进而以比较、分析、综合、归纳、推理等方法,产生新的认识或知识。就此而言,学术研究即在于增进人类全体的生活福祉,这和《大学》阐述"格、致、诚、正、修、齐、治、平"的道理脉络一贯,密切相通。

前不久,台湾发生一名研究生因找寻研究题目不顺利而轻生的遗憾事情,类此案例,亦见诸世界各地,令人叹息扼腕。古往今来,在求学与求取功名之途遭遇困厄者不胜枚举,但亦有"留得青山在,不怕没柴烧"之语警世,更何况读书、做学问,不只为修业,不只是会找研究题目,不只是会引经据典而已。《大学》之纲领有三:明德,亲民,止于至善,我家乡湖南先贤曾文正公曾言:此三者"皆我分内事也",诚哉斯言。

再者,凡事预则立,不预则废,求知、写论文和做人做事的道理殊无差异。人生于世,为立身计,有赖操习技艺,一技在身胜过家财万贯,但此亦实事求是与困知勉行的过程。论文写作切忌大而无当,当资料来源丰富时,就可多写多抒发,资料来源少时,则不可妄言,正如胡适所言:"有几分证据,说几分话"。史上不乏才人志士,竟以一"虚"或"假"字致败,不可不为借鉴。

《如何写学术论文》于 1978 年首次在台湾发行,其后于 1980 年再刷,1983 年修订二版,2002 年 12 刷,前后计印行过 14 次,可说是颇受台湾大学生及研究生的喜爱与欢迎。当时有人告诉我,在大学校园里,常见到这本书,让我深感鼓舞,觉得没有白费一番心血与工夫。

如今北京大学出版社询我,商以大陆付梓发行之事,我欣然允之。概以劝人向学、明理致知、造就人才,均与我为学初衷契合,是我所乐见乐为也。此书不敢称之为"实用典籍",但信逐次参考运作,当有裨益之效,以及增进之功,亦期各方先进匡补阙遗,不吝教益,是所至企。

宋楚瑜
写于2014年4月

修订二版序言

*

《如何写学术论文》这本书，自 1978 年问世以来，一直受到社会以及大专同学的欢迎，而且第一版二刷也已销售一空，主要原因，可能是尚具实用价值。

最近有人告诉我，这本书里许多参考书籍的版本以及资料的出处，都已经有所改变，根据原列出处，常有难以按图索骥的困扰。原出版这本书的三民书局，也认为有加以修订重印的必要，于是，我决定把它修正发行第二版。

这次修正的重点，包括：（一）将参考书的版本和资料的出处，根据新版改订；（二）增加新的参考书目；（三）根据最新资料全部重订。至于全书纲目和内容结构，还是尽量保持原来面目，毕竟这只是一本修订版，而不是一本同名的新书。

楚瑜对于学术研究，一向保持一份执著的兴趣。在美完成学业之后，即拟埋首研究，侧身教育行列。当时深感学术的道路，需要下工夫，也需要讲求方法，于是撰述此书，期能有助于从事研究的朋友，倒并不以大学研究所的同学为唯一服务对象，但是这几年来参阅此书者，却以研究所同学居多，对于这一现象，我亦深感鼓舞，因为总算没有白费我编写此书的一番心血。

自从服行公职以来，虽然公务羁身，难得有清闲的时刻，静下心来做点"学问"，但是，我还是尽量抽出时间去读一些关于国际政治方面的名著以及与大众传播有关的书籍。古人有谓："一日不读书,言语无味,面目可憎",这样的境界,也许太高了一点,同时亦非一个工作繁忙的公职人员所能希冀,但我却在工作中深深体认到"书到用时方恨少"的滋味。在现阶段来说,我的抽暇读书,一方面固然是满足个人的求知欲,另一方面却还是为了工作的需要,至于循规蹈矩做点学术研究或是撰写学术论文一类的工作,已经只能回味过去或是期诸日后了。

战后数十年来,是一个知识爆发的时代,固然,爆发的绝大部分是自然科学方面的新猷,但是在人文社会科学方面,也有极大的进展。展望未来,知识爆发必将产生日益加剧的连锁反应,因此,在知识的探求上,必然更需要讲求方法,才能捷足先登,探骊得珠,而成为千千万万做学术研究的人所梦寐以求的"权威"。我对这本书之所以敝帚自珍,再度充实推出,正是由于我对从事研究学术的朋友,抱有无比的信心。"工欲善其事,必先利其器",个人诚恳希望能在大家的探索过程中,以我所提供的这支工具,能助以一臂之力。

宋楚瑜
1983 年 2 月

我们可以有不同的声音,却必须有共同的语言[*]

*

左为北大校长王恩哥院士

王恩哥校长、各位老师、各位贵宾、各位同学,大家好!

今天很荣幸,能够有机会获得北京大学、北京大学出版社的青睐,将多年前的拙著《如何写学术论文》,重新修正付梓出版,并邀请楚瑜来到这所百年来引领中国风潮的学术殿堂北京大学,在此举办个人的新书发表会,首先表达诚挚的谢意。

这是一本治学基础的书,是我30多年前刚从美国回到台湾时的著作,我想在此谈谈当年写这本书的一些心路历程。

当时的台湾刚走向富裕和开放,出口导向的经济让台湾逐

---

[*] 本文系2014年5月8日在北京大学《如何写学术论文》简体字版新书发表会演讲主要内容。

渐与世界接轨,在社会上也出现了不同的声音,各种思想、理论开始冲撞,学术界出现了许多不同的流派,尤其在社会科学界。由于无法像自然科学一样以实验印证假设,所以很多争论到最后常常流于意气之争。

我写这本书的时候,背后想传达的概念是:"真正的世界语言不是英文,而是严谨的论证与逻辑。"当时我担任蒋经国先生的秘书,为了不与学术脱节,依规定在台湾大学、师范大学各兼了一门课,一个礼拜4个小时,发现有些同学,书念得很多,但表达上却过于庞杂,很容易落入"掉书袋"的陷阱,于是我想,是否可以将我在美国所学的一些方法论与写作论文的规范,引到台湾地区来,让学生写作论文时有所依循!

这本书在台湾地区出版后,很受欢迎,几年中一连印行两版,共印刷14次,而我必须坦白向诸位报告,现在我更高兴的是能补充新的资讯,修正后由北京大学出版社出版。

Indeed,北京大学是中国"五四"运动和新文化运动的发源地,"爱国、进步、民主、科学"成为与北大密切相关的词汇。在中国近代史上,北大始终与国家民族的命运紧密相连。楚瑜说这段话,不是要恭维北大,而是想到当年"北大人"要救亡图存、要爱国、要求进步,就找到"德先生"和"赛先生"。

我认为,其实所谓"德先生"与"赛先生",骨子里就是反思传统文化、探索强国之道,这不就和《如何写学术论文》相类似吗?质言之,就是 How to do it and for whom?(如何做?为谁而做?)当年"五四"运动时,提出的答案是"民主"与"科学"。

所谓"科学",就是要"可以验证""可以复制",每个人都可以提出一堆假设,就像胡适先生说的"大胆假设、小心求证"。穷理致知,需要的都是这样一套严谨的逻辑系统、论证过程与可被验证的方法论。只有共通的逻辑与严谨的表达方式,才能获得认同。所以,"赛先生"就是发现问题、找寻答案。

毛泽东说得好:"没有调查,就没有发言权。"大家都可以用同样的方法达到相同的调研结果,这套方法就是一套"共同的语言"。写论文是如此,做科学实验是如此,探讨社会与政治问题也应是如此;对一个现代的文明人来说,科学不仅是一种方法,更是一种态度,当我们都有这套严谨的方法与逻辑思维时,我们就有了"共同的语言"! 我们和任何人沟通,不论是哪国人或说哪国话,都可以气婉而理直。这就是当年我出这本书的动机,现在到"北大"——这个"五四"运动的发源地,能再将此书修正出版,真是深感荣幸;哇塞,跩的很!

而当大家都有了这种共同的逻辑语言,任何的个人、团体、企业,甚至国家社会,才能逐渐消除"大哥永远是对的""会吵的孩子有糖吃""一言不和、拳脚相向"的文明落后现象,才能让社会上不同的声音,有个共同的沟通语言,让真理愈辩愈明,让社会愈研究愈进步。

我常说,欧洲人对人类最大的贡献,不是发明蒸汽机与发现新大陆,而是人权与自由的概念,我称之为"欧洲价值";美国人对人类最大的贡献,不是打赢希特勒和发明电脑,而是平等的概念,我称之为"美国价值",也就是"人生而平等",所追求的是"民有、民治、民享"的政府,这是西方"民主"的精髓。那中国人呢?我认为在可预见的未来,"民主"和"市场经济"反不如中国人的"仁"与"均"这两个字,"仁"与"均",更会成为21世纪最流行的普世价值,我称之为"中华价值"。

什么叫"仁"? 我的体会:"仁",就是人与人之间的相处之道,人与自然的相处之道。"夫子之道,忠恕而已""己所不欲,勿施于人",以前我们都把"仁"在英文中译为"benevolence";在台湾,现在不少人常将"仁"解释为"同理心",英文中没有相对应的字,勉强译为"empathy""empathetic"。

在中国几千年的历史文化中,"仁"的概念贯穿了佛家的悲天悯人,儒家的人伦相处之道、孝悌忠信,《礼运大同篇》的"鳏寡孤独废疾者皆有所养",孟子的"斧斤以时入山林""不可竭泽而渔"及道家的"善政无为""天人合一"等概念,讲的都是节用爱人,仁心及于天地,与现代人所说的社会福利与环保概念不谋而合。因此,政治上,中国人讲行仁政、仁民爱物,社会上讲人伦,行医的人讲仁心仁术,"仁",就是整个社会的黏着剂与润滑剂,也就是人与人之间互相尊重,人与自然的和谐相处,民族与民族之间的和平共存。

因为有了爱人之心、恻隐之心、同理之心,所以在经济上,中国人讲求"均富",也追求"均衡"。孔子说:"不患寡而患不均。"西方"民主"赢者全拿,财团运用"财"去影响立法,以钱换权、以权去谋取更多的钱,这也使得现代资本主义走偏差了;结果,世界产生了最严重的根本问题——贫富差距日益扩大。而中国因为有"均富""藏富于民"的思维及传统,且深知过犹不及并非"均衡"之道,因而儒家在待人、接物和处事上,以"中""庸"为道德标准,不走极端,不偏不倚,调和折中,因事制宜、因时制宜、因物制宜、因地制宜,此亦即为《中庸》之理。所以中国比起其他国家,更早在发展阶段中注意到这个问题,并且着手改进。就像大陆主张"中国特色的社会主义";相似的概念,在蒋经国先生时代,便在台湾地区实施过。蒋经国先生在 1972 年担任行政院院长时,人均只有 482 美元,到 1988 年经国先生过世,人均已达 5 829 美元,16 年间成长了 11 倍。在这 16 年主政期间,台湾最高所得的前五分之一家庭,与最低所得的后五分之一的家庭,收入差距一直保持在 4.5 倍左右的水准。可惜的是,后来的执政者并没有继续坚持他的政策。

百年前在这个地方,五四运动揭开了"德先生"与"赛先生"救中国的序幕,而今天,中国将要迎向世界舞台,实现伟大的中国梦,依据的核心概念,不是利己而是推己及人、计利应计天下利;

昨天,2014年5月7日,习近平总书记在人民大会堂会见楚瑜和亲民党访问团时表示:"我们真诚希望台湾社会安定、经济发展、民生改善,台湾同胞过上安宁幸福的生活。"大陆经济发展了,不会忘了台湾人的生活也要过得好,正所谓"泛爱众,而亲仁!""仁"与"均"这两样欧美列强所缺乏,而在中国文化中根深蒂固的观念,刚好对应上欧美资本主义社会的缺憾,正为人类提供解决的方向。

各位同学,今年是甲午年,所有中国人都不会忘记120年前惨痛的教训与耻辱,但就像2009年我去辽宁沈阳参观"918纪念馆"时的题字,面对过去、面对强权,我们需要的态度是:"生气不如争气,自信而不自满"。200年来,很多中国人生气,甚至丧气,但国家要前进,需要的是争气而不是生气的年轻人。有争气的中国年轻人,才有扬眉吐气的中国;有争气的中国人,才有争气的中国。

各位好朋友,我是中国人,也是台湾人,更是爱吃辣椒的湖南人。我们有不同的生活环境,但我们有共同的血源,更有相同的文化涵养;可能在许多事上,我们有不同的意见与声音,却一定要有共同的语言。正如整个中华民族要迎向世界、实现中国梦时,我们不会以冷战时代的敌我矛盾概念,将一切非我族类视为敌人,而会以"仁"与"均"的宏观文明,"中华价值"(China Value)透过严谨与逻辑的沟通语言,与强调分享、共享、分工合作的新时代世界潮流接轨,从心理上、思想上,引发全世界的共鸣,让全人类对中国人、中国社会与中华文明刮目相看。

各位好朋友,我衷心期望,未来的中国,不但能实现"中国特色的社会主义",更能推广"中国特色的仁均王道",两岸一家亲,共圆中华梦,让两岸人民,尤其是年轻人,能够一起拥有无限宽广的未来! 这个梦不只是实现中华民族的富强大梦(Macro-Dream),更是我们每一个中国人的小梦成真(Micro-Dreams),人生有梦、筑梦踏实,我对中国的未来充满了希望,对诸位的未来也充满期待和祝福!

谢谢各位!

前　言

　　大学以研究高深学术、培养专门人才为宗旨,许多国家或地区的大学学制规定,学生于结业时需交学位论文一篇,经学校审查合格后方准毕业。其目的乃在于锻炼学生独立思考与有系统整理分析专门性问题的能力,养成读书研究的习惯,并且借以测知学生数年来的读书心得、判断能力与批判精神,是否已经达到学术研究应有的专业水平。即使由于大学教育的急遽发展,以及各种客观条件的限制,撰写毕业论文现已非是取得大学学位之必要条件,但平时各科教授,仍有指定撰写学期报告及研究报告等规定。单就这类报告来说,优良的作品固然很多,然而凑合成篇、敷衍塞责或撷取网络数据者,也为数不少,究其原因有三:(一) 由于学生对撰写研究报告的性质与技巧不甚了解;(二) 往往缺乏良好的指导,以致一般学生多视撰写研究报告为苦事;(三) 学生在学期间,大多课业繁重,除阅读指定教科书与应付考试外,几无暇执笔为文。因此,今后如再不予学生练习写作的机会,借以引发其研究的兴趣;增加其独立思考专门问题的能力;协助其涉猎有关的课外读物,将紊乱的材料加以有系统的整理与分析;则对大学教育的功效,影响甚巨,实不宜等闲视之。

　　本书旨在提供学生撰写论文或研究报告的基本方法,并将写作的全部过程,区分为十个阶段,逐一讨论,使初学者有一明确的概念,并能按部就班,写出符合水平的学术论文、报告。

在谈到写作学术论文或研究报告的具体步骤之前,我们必须先说明学术研究的基本性质。简而言之,所谓研究,就是有规律地调查并寻找事实,从而发现其真相的过程,这个真相就是一篇论文的论点,也就是研究的成果。换言之,论文中的论点不是一些道听涂说或先入为主的偏见,更不是东拼西凑,把有关各家的言论或注释凑合一起了事,而必须是有事实证明,支持其理论的成立。因此,作者必须明确地指出数据的来源,说明其求证的过程,以及所寻得的结论。如果论述或结论是引述第三者的言论,则作者必须将数据源交代清楚,使读者亦能按图索骥,寻得同样的结论;如果结论是作者自身观察所得,则必须说明发现真相的经验与过程,以使读者在重复同样的过程与经验之后,也能发现相同的结论。总之,论文中作者的论点也许是主观的,但是作者用以支持论点的证据,必须是客观的。

西谚有云:"条条大路通罗马。"也就是说,做任何一件事,并非仅有一条解决的途径。写研究报告,也不例外。一位有研究经验的学者,在多年摸索之后,可能会找到一条他自认为最方便的写作快捷方式,而且每一位学者的写作快捷方式,不尽相同;研究过程的先后次序,也不尽一致。但在基本上,本书所讨论的十个步骤,大致均能加以涵盖。因此,如果读者能依此循序以进,当可收事半功倍之效。

撰写学术论文与研究报告的十个基本步骤是:

一、选择题目
二、阅读相关性的文章
三、构思主题与大纲
四、搜集参考书与编制书目
五、搜集数据,做成笔记
六、整理笔记,修正大纲
七、撰写初稿

八、修正初稿并撰写前言、结论及摘要

九、补充正文中的注释

十、清缮完稿

  本书将就上述这些步骤,逐章加以讨论。在每一章中,就各个步骤所涉及的技巧以及应该注意的事项,分别叙述。在叙述中,尽量多从实际上可能遇到的问题多加讨论,而不单从理论的观点下手,作"纸上空谈"的说明。

  1975年,笔者开始在大学任教,深感若干大学在校同学对于学术论文的格式有不尽了然之苦。因此,不揣谫陋,编成《学术论文规范》(台北:正中书局,1977年)一书,以提供大学及研究所同学参考之用。付梓以来,甚得各方贤达先进的奖饰与同学的喜爱,一年之内,三刷问世,给笔者在心理上以无比的鼓励。是以,再接再厉,进一步参考美国及台湾地区所出版的论文写作方法书籍,草成本书,以弥补前者之不足。《学术论文规范》一书,侧重论文格式的讨论;本书则从论文的作法上逐步讨论,两者相辅相成。本书中,除讨论"注释"部分系取自《学术论文规范》第五章原文,再增添英文例句外,本书之目的,不在取代前书,原书中其余各章已讨论者,举凡论文的组织、名称、数字、文体、标点符号、引文、表格、插图及打字等,本书不再重复,是以仍盼读者与《学术论文规范》一书,相互参照,以期写出合乎水平的论文。

目次

第一章　选择题目 ········· 003
　第一节　选择题目的基本原则 ········· 003
　第二节　如何缩小论文题目的范围 ········· 010

第二章　阅读相关性的文章 ········· 013

第三章　构思主题与大纲 ········· 017
　第一节　构思主题 ········· 017
　第二节　论文大纲的拟定 ········· 018
　第三节　构思主题与大纲的实例 ········· 020

第四章　搜集参考书与编制书目 ········· 023
　第一节　搜集初步参考书目的目的 ········· 023
　第二节　搜集参考书目的方法 ········· 025
　第三节　编列书目卡片注意事项 ········· 050
　第四节　书目的格式 ········· 050

第五章　搜集资料，做成笔记 ········· 061
　第一节　做笔记的技巧 ········· 061
　第二节　做笔记前的三项基本认识 ········· 064
　第三节　笔记资料的方式 ········· 067

第六章	整理笔记，修正大纲	081
第七章	撰写初稿	085
第八章	修正初稿并撰写前言、结论及摘要	089
第一节	修正初稿	089
第二节	撰写前言、结论及摘要	091
第九章	补充正文中的注释	093
第十章	清缮完稿	141
附录一	图书分类方法	145
附录二	研究报告范例	181
	研究报告范例之一	181
	研究报告范例之二	207
	研究报告范例之三	217
本书重要参考书目		233

如何写学术论文

第 一 章
选择题目

*

第一节 选择题目的基本原则

在写作论文时,首先面临的问题就是该写什么?题目的选择,关系着论文的成败,因此决定论文题目时,必须经过审慎的考虑。

题目的决定在于提供一个可以遵循的研究方向,并界定一个明确的研究范围。题目的选择涉及写作者的经验能力与写作的时限。因此,写论文的第一个步骤,就是挑选一个作者有兴趣、愿意并且值得花时间去研究的题目。当然,作者所选的题目不能太大,一定要有充裕的时间来得及于限期内完稿,但题目也不能太小,必须要能找到足够的资料,以免言之无物。所以,写作论文的第一件事,便是慎选论文题目。选择题目关系着论文的成败,在决定论文题目时,必须经过审慎的考虑和选择,语云:"好的开始,是成功的一半。"所以"慎始"最为重要。本章中,仅就一般性论文的写作,在选择题目时,所应注意的一些原则,提出讨论。

一、选题应依志趣

怎样发现或选择论文题目呢?当着手写论文时,若是教授没有指定要写哪一类的题目，需要靠自己选择题目时，首先作者应考虑的问题，是必须对所选择的题目有其浓厚的兴趣，乐于作更深入的探讨。最简单的理由，是因为作者要花相当一段时间接触并研究这个问题。从看书、找资料，到分析撰写，如果没有兴趣，必定事倍功半。兴趣是一切行为的动力，所谓："好之者不如乐之者"，乐之才能努力不懈，忠实而深入。有了兴趣才能发挥潜能并提供贡献。因此，如果教授没有指定研究报告的题目和范围，作者可就其本身的兴趣、本身的学术背景和条件，以及以往曾经选修过什么样的课程，作一权衡，以决定适当的题目。陶孟和先生在论科学研究时曾说："一个人的实际生活，常包含多方面的兴趣，而历史上许多的发现与发明，也由研究以外的兴趣所引起。专一的兴趣，仅属于少数人的特质，并且也不见得是一种健全现象。但是在研究工作上，则必须具有这个为研究而研究，为了解而努力的态度。"[①]这种探讨宇宙事物兴趣与科学求真的精神，是作论文必不可少也最需重视的条件。

二、对所选题目应有相当准备

作学术研究的人，对所选择的题目必须要了解适当的背景。在写论文之前，作者虽不一定需要对所选的题目完全内行，但必须有适当的准备。譬如要从事有关中美贸易对台湾经济影响的研究，必须对经济学及国际贸易要有适当的认识；要研究爱默生（Ralph Waldo Emerson，1803—1882）的"超越论"（Transcendentalism），必须对美国文学以及西洋哲学有基础性的认识。同时要注意所选题目是否涉及外国语文，如果对所研究题目的外国语文没有相当基础，仅知道本国或地区的文字，以致材料不能蒐集齐全，则观点自然流于褊狭，研究时所遭遇的困难必然增

---

① 陶孟和："论科学研究"，载《东方杂志》第32卷第13期（1935年7月）；第74页。

多。此外,研究现代的社会科学及自然科学都需要适当的研究工具,诸如统计方法等,如果从事这类统计调查资料的研究,没有适当的训练,必然是吃力而不讨好。

三、题目宜切实,不宜空泛

选择题目时切忌空泛而不切实。题目若太空泛,观念容易混淆,不容易得到明确的结论,也找不出重心所在,其结果必然言之无物,漫无目标,一无是处。这种论文不是现代科学中所说的论文,尽管说的如何天花乱坠,对于研究本身,却无多大价值。

此外,有些题目往往不值得花时间去研究。我们常听说"小题大做",若干细枝末节的小题目,尤其是妇孺皆知之事,无须小题大做;但遇到要推翻一般妇孺皆知的公理时,不但需要小题大作,而且值得大做特做。最有名的例子是波兰天文学家哥白尼(Nicolaus Copernicus, 1473—1543)推翻以往学说,提出地圆说,在当时确具有其时代意义。又如:1898年2月15日,美国军舰"缅因号"(Maine)在当时西班牙殖民地古巴哈瓦那港作友好访问时,因爆炸而沉没,成为导致美国与西班牙战争的近因。一般历史学家都接受当时美国为此事所提出的调查报告,认为美国军舰"缅因号"是被西班牙所破坏。当时美西战争中,美国还有"毋忘缅因"(Remember Maine)的口号。[2] 后来美国海军上将雷克福(Hyman G. Rickover)引用科学证据,著书指出"缅因号"系因内部机械爆炸触及船上火药而沉没,并非外来的人为因素所破坏。[3] 这种提出新论点的翻案文章,自然不在前面所说家喻户晓的事实之列。

---

[2] The World Almanac & Book of Facts, 1976(New York: Newspaper Enterprise Association, Inc., 1976), p. 721.

[3] How the Battleship Maine Was Destroyed(Washington, D. C.: Department of the Navy, 1976).

四、题目宜新颖致用

学术研究的目的，有继往开来的意义和价值，任何研究论文都应以致用为目的，所以选择题目，必须新颖实际，能与实际生活有关者为佳。学术研究如依据个人兴趣而完全不顾时代的需要，必定会成为玄谈空论，与人类生活毫不相干。我们虽不应用狭隘的实利主义来批判学术价值，但学术研究假如完全抛弃功用的目标，就很容易变成玄虚荒诞、枉费精力、毫无意义。因此，理论与实用必须相互为用。根据以上的理由，如果论文的题目能对新问题从事新的研究，发现新的学理，创造新的原则，那是再好不过了。不过，我们也可以用新的方法研究老问题。研究老问题时必须首先反问，这个问题是否有再研究的价值？资料是否已有增加？前人研究这个问题的方法是否仍然可行？譬如说，八股文的写作现在早已废止，如果某人现在从事研究"如何写好八股文"？或"八股文的作法"，即使能把八股文的作法都研究透彻，毕竟对现代学术毫无补益。此外要注意不宜选太新的题目，因为题目太新，资料往往不足，无法深入讨论，很可能迫使作者半途而废。同时一篇研究报告必须要有事实依据，需要参考许多不同的资料，不能凭空杜撰。

五、避免争论性的题目

学术研究首重客观，一切玄谈空论或是由来已久、僵持不下的问题，常会受到主观感情的左右，而无法以客观科学的事实加以佐证。譬如讨论"男女之间有无真正友谊存在"时，全要看当事者双方所持态度而论，纸上谈兵，往往是隔靴搔痒，毫不相关。

因此，我们应该避免主观或白热化的题目。同时，由于研究论文最重要的条件就是客观，以科学的资料作为结论的基础。

假如研究者已有强烈的主观意识,例如选择"从厕所文学看现代大学生活"为题,则在执笔之初,其态度就很难客观,因为在厕所涂鸦的学生,只是大学生中少数中的少数,从少数中的少数反映整个现代大学生,难免以偏概全,除非能改从另一个角度研究此问题,譬如"从厕所文学看偏激学生(或无聊学生)的生活变化",惟是否偏激学生,就一定会在厕所涂鸦乱画,则又是一个需要求证的问题。因此,诸如此类的题目应该避免。此外,在论文写作中,要尽量避免不切实际的个人意见,同时也不要仅陈述问题的一面,而失去论文的客观性。

六、避免高度技术性的题目

学术研究的重要目的之一,固然在探讨新的知识,开辟新的学术领域。但是,我们必须量力而为,否则"眼高手低",一定无所成就。因此,原则上宜避免高度技术性的题目,除非是少数专家的研究报告,否则一位普通物理系学生,写一篇有关"J粒子的发现与影响"的论文,充其量只是拾人牙慧,或是一些肤浅的心得罢了。对于初学者,这就是吃力而不讨好的研究工作,也非恰当的选择。

七、避免直接概括的传记

直接叙述式的传记,容易造成像百科全书式的文章,或者变成试图以很短的时间,为某人做盖棺论定的叙说,这是非常吃力不讨好的工作。通常以选择某人生平的某一段时间,或是作品的某一方面,或者是影响此人一生的某些事件,作为大学生学期论文报告的一部分,则比较实际。因为要为人写传,不是件容易的工作。美国一位研究马歇尔将军(George C. Marshall, 1880—1959)传记的专家勃克博士(Forrest C. Pogue),就为了书中有关马歇尔在中国调停国共问题而远涉重洋,专程来台与政府有关人士交换意见。④ 这可以说明真正要写好一部传记，是多么不容易，更不是一个大学生在一学期中所能完成的工作。

八、避免作摘要式的论文

知识的累积固然必须作一综合分析，但是如果只有资料的综合而没有新的主题和论点，都不合现代论文的作法。因此除非有新的创见，否则单是重复别人已经发现的论点，只是炒冷饭的工作，没有学术价值。

九、题目范围不宜太大

题目范围宜小，因为题目太大，反而不易着手。有些人做文章常喜爱选择大题目，他们以为题目范围大，材料必多，殊不知题目愈大，材料过多，反而不易一一加以细读，愈难组织成章，愈难有系统。如果勉强凑合成篇，不过是概括笼统的陈说，难免百病俱呈，前后矛盾。反之，题目范围若小，材料容易搜集整理，观点亦易集中，往往可以从详细的研究而达到超越前人知识领域的创境。

题目大小的决定，主要是靠资料作决定，资料之有无，又常随时间与空间而定。论文作者一定要对附近图书馆及环境有充分的认识和了解，才能知道什么题目有足够资料可以写。古谚说得好："巧妇难为无米之炊。"没有好材料一定做不出好文章。研究报告与写论文一样，固然需要作者独到的见解，但最重要的仍必须有充分的资料作为佐证。由于我们对材料的整理及观念的选择，题目的范围也会随之而升降。以下简单的表格可以说

---

④ 勃克博士著有 *George C. Marshall：Education of A General. 1880-1939*（New York：The Viking Press. 1963）；*George C. Marshall：Ordeal and Hope*，1939-1942（New York：The Viking Press，1966）；*George C. Marshall：Organizer of Victory. 1943-1945*（New York：The Viking Press. 1973）。

明题目的伸缩性。

一	二	三	四
美国外交家	近代美国外交家	亨利·A.基辛格的外交政策	基辛格与全球权力平衡
医学保健	心脏病的预防及治疗	冠状动脉性心脏病的治疗方法	抗凝血剂对治疗心肌梗塞的作用
经济稳定的因素	汇率对经济稳定之影响	历年来港汇改变汇率对香港经济之影响	1967年港币汇率自由浮动之后,对香港金融的影响
左传研究	左传语法研究	左传虚词研究	左传"所"字之研究
18世纪的哲学	18世纪的英国哲学	柏拉图学说与美国18世纪哲学的关系	柏拉图学说对英国18世纪哲学的影响
神话学	中国神话研究	中国古代神话研究	《楚辞·天问》篇之神话研究
专利制度	检讨台湾地区现行的专利制度	台湾地区的商标专用权	台湾地区商标注册对外商的保障问题
美国司法制度	司法判例对美国司法的作用	就"藐视法庭"的判例看美国的司法制度	1949年"费雪控诉白斯"案的研究
美国文学	美国文学家爱默生	爱默生对美国文学的影响	爱默生的"超越论"
清代外交史	晚清对外交涉	曾纪泽的外交	曾纪泽与中俄伊犁交涉
小学教育	小学特殊教育	天才儿童教育	台北区资赋优异儿童父母管教态度调查研究
家庭问题之研究	中国家庭问题之研究	中国婚姻问题之研究	中国离婚问题之研究

(续上表)

一	二	三	四
人口问题	中国人口问题	中国农村人口问题	中国农村人口生育率与死亡率的研究或中国农村人口年龄性别分配之分析
儿童幸福问题	台湾儿童幸福问题	台北市之儿童幸福问题	台北市之儿童娱乐问题
犯罪问题之研究	中国犯罪问题之研究	上海犯罪问题之分析	上海犯罪问题之社会分析
农村问题	中国农村社会问题	中国农村娱乐问题	中国农村儿童娱乐问题
劳工问题	中国劳工问题	中国童工问题	江苏无锡之童工问题
中国社会思想	中国古代社会思想	周代的社会思想	孔子的社会思想
西洋社会学学说	西洋现代社会学学说	美国现代社会学学说	富兰克林·吉丁斯的社会学学说

第二节　如何缩小论文题目的范围

一般对写作论文的同学而言,最感困难的问题,就是如何找到论文题目的范围。一般趋势是喜欢选择大的题目。中国人喜欢从大处着眼,以致大到无法在学校所指定时间内交卷。写作一篇好的研究报告或者论文,最好从小处着手,这并不是说要将已选好的题目轻易放弃,而是希望能将题目的范围作酌量减裁。题目太大,往往无法作更深入的钻研,也就失去了研究的目的。本书愿将缩小题目范围的方法,略加介绍。

当遇到大的题目时,可由以下几点作为考量缩减范围的因素：

第一，由问题某一特殊的面加以申述。

第二，将题目限定在特定的时间范围内。

第三，从某一特殊事件看此问题。

第四，将以上三个因素合并讨论。

譬如说我们希望研究的问题是有关台湾的少数民族，考虑第一个因素时，我们可以专门讨论台湾少数民族中酋长或妇女的地位，或者他们与平地同胞的融合问题，或者他们的服装与菲律宾原住民的服装有何不同等，就可以将大题目缩减到一个较小的层次。

讨论第二个因素时，我们可以研究日据时代台湾少数民族的生活状态等。

从第三个角度来看，我们可以讨论在雾社事件中台湾少数民族所扮演的角色等。

在第四个范围中，我们可以叙述光复后台湾少数民族经济生活的改变等。

以上四种办法都可将一个大的题目局限缩小至某一个层次，乃至于某一范围中，而加以特定的研究。如果能因此而有所成就，这篇论文也就很有价值。下面将就如何选择题目及缩小题目范围的方法，再举两例：

一、基辛格与全球权力平衡

1. 从战略武器限制谈判看基辛格（美国前国务卿）的全球权力平衡。
2. 越战时期基辛格全球权力平衡战略的运用。
3. 中共在基辛格全球权力平衡战略中所扮演的角色。
4. 1973—1975年中国大陆在基辛格全球战略中的角色。

二、总理衙门的组织与功用

1. 总理衙门与近代中国外交人才的培养。
2. 1900 年初期总理衙门与中国外交。
3. 总理衙门在庚子事变谈判中所占的地位。
4. 清末自强运动与总理衙门的人才培养。

第二章
阅读相关性的文章

*

题目决定后,接着最重要的工作就是设法找一两篇有关这个主题的文章,俾对此问题作一般性的了解,并借以导入主题。"好的开始是成功的一半",看了具有权威性的文章,不但使我们对所要研究的问题获致背景性认识,同时也会引发灵感,帮助设定所要研究的范围及一些基本构想,甚至引起可以继续追踪研究的论点。

因此,如何选择一篇好的文章或一本好书,对以后从事此问题的研究是非常重要的。一般大学生选择题目之后,首要的工作就是查大英或大美百科全书中,与这个问题相关性的一般资料亦可透过图书馆的电子数据库进行搜集。之后,才能很快地决定研究方向。假如第一本阅读的书籍,内容不正确或窄或差,无疑会导致一个错误的方向,所谓"失之毫厘,差之千里",便是这个道理。以后要看许多文章,才能将原来的想法纠正过来,这是一个难以弥补的损失。

由于第一篇文章或第一本书多少会产生一些先入为主的观念,往后再看的书或文章,不过是进一步证实想要研究的主题。假如最初的资料得之于正确的书或文章,则以后的工作就简单得多了。虽然评鉴一本书或一篇文章的好坏要靠经验。不过,我们仍可以从两方面衡量一本书或一篇文章的好坏:

一、从书或文章的外在条件衡量

1. 作者本身的条件

查查作者是否受过适当的学术训练？是否被公认为该一科目领域中的权威？假如就我们所知，该作者并不是一般公认的权威，则可再查查他是否具有相关的资格，而以权威的身份撰写此一特定主题？譬如其专长、专业状况、经验以及其所获之学位等，都是显示其实际条件的一些指针。如果书中的标题、序文及引言中都未提到作者的背景，则可设法在人名录或类似的资料中翻查。

2. 出版者的条件

这要看出版者的信誉是否可靠？一个信誉良好的出版商所出版的书必定具有相当的水准，对没有标明出版者的书，我们不免以怀疑态度视之；当然我们不能否认由私人刊行的作品也可能具有水准，只是好的出版商，可以给我们更多确定一本书价值的信心。

相同的，假使一篇文章被刊载在一本定期刊物上，我们就要查查，这本刊物是否被公认为是该科目领域中，具有权威性的资料来源。一份专属某领域的学术杂志或期刊，通常内容比较严谨及更具权威性。特别是一般专业性学会组织所出版的机关报，例如亚洲学会（Association for Asian Studies）的《亚洲学报》（The Journal of Asian Studies）等，其资料内容向为众人所认许、称道。

3. 出版的日期

出版日期的早晚，对内容有相当大的影响。譬如我们讨论有关美俄战略武器限制谈判的问题，或者罗伯特·肯尼迪（Robert Kennedy，1925—1968）一位美国总统候选人所做之竞选活动问题，而打算在20世纪60年代以前所出之杂志或书刊上找资料的话,不是一无所获,就只会找到一些隔靴搔痒不着边际的数据;反之,一些没有时间性的问题,譬如宗教、中世纪的神迹等方面的资料,往往不受时间的拘束。

4. 客观的条件

查查该书是否包括在好的参考书目中,同时在图书馆的卡片目录和期刊索引中,该作者是否在同一主题下写了其他的书及文章,以确定该作者是否为这一领域的专家。

二、对资料本身的内在条件加以评估

我们可以再从以下几项资料本身的内在条件,衡量该一资料是否对我们所要研究的主题有用?

1. 判断这个作品

判断作品究竟是否与我们的题目发生直接关系?或者只是沾一点边而已。(1)阅读该书的序文,作者在书中所提出的宗旨,以及想要研究的范围是否与我们直接有关?(2)查阅该书的目次表和索引内容。(3)在全书或全文中抽样选看几页,是否与我们所要讨论的主题相契合?

2. 审查原作者之观点

审查原作者的观点是否客观公正?对于事情的陈述,是否面面兼顾?对各方面的论点,是否给予同等的关注?用词是否客观而无偏见?有无采用感情冲动性文字之情况等。

3. 注意书中陈述之事实

注意书中陈述的事实是否超过一般常理,所提出之观点,有无证据?其证据是否合乎逻辑?支持观点的资料,是否可信及具有权威性?各种资料(特别是数字资料)是否都注明了来源等。

4. 检查原作者因需要而作的陈述

检查书中陈述是否附有注解,并具有证明与说服力,其资料来源是否正确？交代是否清楚？

    5. 书中是否列有参考书目？

因为任何学术性著作，必须要有科学佐证，其结论也一定要有具体资料的支持。

当以上几项衡量标准都运用之后，我们仍然会面临一项问题，那就是我们往往会发现不同的作者，对同一问题持有不同看法，其看法甚至背道而驰，此时应采用客观态度决定取舍。

有时，我们可以原作者下笔时间的先后作为取舍参考。下笔时间愈晚，则资料愈新，所获结论也更能采信。此外还可借用各种评论及书评的指导，譬如利用美国的《书评索引》(*Book Review Index*)、《书评文摘*》(*Book Review Digest*)等工具书，查到有关的书评，这些书评的内容都出自专家之手，可提供我们宝贵的意见。

假如作了以上检查之后，仍有怀疑，可再向师长、论文指导教授及图书馆的参考员讨教，因为他们具有丰富的经验，对这方面亦有深入的了解，一定会提供更具体的协助。

第三章
构思主题与大纲

*

写文章最重要的是言之有物,而论文写作更要讲求言之成理。我们在把握住题目重心后,必须找出有关及有意义的论点来说明、探讨,并进一步得到结论。如果没有论点,也就无从论起。写作大纲则是一篇文章的骨干,有了明确的大纲,不但能使写作省时省力,更能使文章结构严谨、条理分明,因此如何构思论点及写作大纲,实在是论文写作时最基本、最重要的工作。

第一节 构思主题

何谓"主题"?"主题"就是一篇文章的"论点",所谓"论点"(Theme)就是作者需要证明的观点和意见。如果此项论点具有问题性或争论性(Problem or Conflict),则论文会显得更生动有趣。如果在提笔之初,即能迅速决定适当的研究论点,则可顺利完成一篇好的论文。

一个好的论点,除了上述所谓的问题性与争论性外,亦应考虑到它的范围,必须大到能包含在一个题目之内,而又小到有足够资料可供参考。简而言之,就是小到有话可说,大到说得完、说得清楚。

构思文章的论点,可以参考下面两个具体办法:

第一，从一些参考工具书中，例如百科全书、期刊论文索引、书摘、书评等，在已决定的题目项下，寻找同类文章，借此得到若干灵感。例如，在都市改建项下，有许多专家写了有关这方面的文章，诸如，"都市改建费用""政府对都市改建的政策""都市改建后之影响"……我们因而会联想到，那些因都市改建而被迫迁移的居民，将变成什么样子？对他们的生活所产生的影响又如何？因此我们可以写一篇题为"都市改建后被迫迁徙居民的状况"论文。

一般人写论文进行到此阶段，往往可以提出一些"假设"。根据上面的例子，我们可以假设，都市改建可能会造成某些低收入者的被迫迁徙，政府与其强迫他们迁徙，不如另谋办法替他们建造房屋，对他们作妥善安排；否则恐怕会产生严重的社会问题。根据这种假设，全篇文章就有了灵魂，然后据此搜集资料，证明原先的假设正确与否。这就是基本论点的重要性。

第二，另外一种寻找论点的有效办法，就是主动提出问题。任何一篇论文的结论，很可能就是回答一个问题的答案。譬如"哪些人是最早远渡重洋到台湾来的？""台湾最早的大学是何时设置的？"……在解答问题中，往往会发现一些论点。在研究过程中，我们会发现，最早来台湾的是一些大陆沿海地区生活贫困的渔民——这只是一种假设。为了寻找此答案而去找材料，以求证原来的看法是否正确，这段求证的过程，往往也就成为这篇论文的精华所在。

第二节　论文大纲的拟定

拟定一篇论文的大纲，就好像绘制建筑房子的蓝图一样，没有建筑师事先草拟蓝图，工人也就无法盖好一间令人满意的房子。同样，写论文没有大纲的指引，任凭思想的奔驰，随意下笔，思绪容易错乱,甚至不知所云。这种盲无指向的写法,常会遗漏中心主题,或是在几个小的论点里打转,使文章空泛而又欠缺一贯性。因此,当我们构思文章的主要论点之后,就需要着手写定大纲,作为整篇论文的指南及文章目次的蓝本。因此论文大纲的拟定,主要目的有三:

(1) 帮助我们搜集材料,并加以组织;
(2) 提供搜集材料的范围,指引阅读资料的途径;
(3) 提供搜集材料的线索,作为笔记时的凭借。

同时,我们在写论文大纲时,必须留有空位,以便随时增添新纲目或删除不需要的项目。

拟定大纲时,首先可以根据个人的观点,将重点全部列出,然后参考搜集到的资料补入缺漏的。此时所有的材料仍是杂乱无章的,必须再作整理,将之分列层次,何者重要,何者次要?何者需要先加以证明解说,何者可列后说明?再依照时间先后次序、地区的差别、事务的性质等,使之全部按逻辑归类,分门别类,层次分明。

大纲的拟定就像一阕乐曲,通常作曲时将乐曲分为几个乐章,每个乐章之下再分第一主题、第二主题……每一主题下又细分为开展部、再现部等。大纲的写法也是依照这个原理,将繁多的细目纳入各主题,每一主题又归向全文的主要论点。我们可以用各种数字符号分别排列,使全文一目了然。

```
      I.…………            壹…………
       A.…………            一…………
        (1)…………           (一)…………
         a)…………            1.…………
          1)…………            (1)…………
           i.…………            a.…………
            (a)…………           (a)
```

拟大纲有两个秘诀：

第一，需要提出问题。换言之，就是要问为什么、是什么、什么时候、怎么样等问题，然后将这些问题的答案记下来作为全篇的重点。

第二，将各个问题分类成段，之后再细分成小段。

通常一般人拟定大纲时有两种不同方式：一种是只写出简略的大标题，让全篇有一概括的轮廓作为导引，然后再依照个人见解逐项发挥；另一种办法是详细列出各种大标题与细标题，并在各项目下将想要讨论的问题，一一开列出来，再根据细目分别找资料后，才下笔撰写。这两种方法可随个人兴趣和习惯，或是依论文的性质不同，随机应变，作适当的选择。

划分细目虽然可帮助我们更有条理、有层次，更清楚地分析各种不同的问题，但各个细目之间，仍需有连贯性，而且与主题密切配合，以避免出现彼此矛盾或重复的现象。着手写文章时，虽应按照大纲的顺序，搜集资料依次写作，但是大纲并非一成不变，遇有新材料，仍可随时补充修正，只要全篇显得有组织，就已达到拟定大纲最大的目的。关于这点，我们在后面还会继续加以说明。

虽然在后面会详细讨论如何写笔记，但必须在此加以说明：做笔记时，最好在每一个笔记卡片上，加注"指示语"（slugs）或标题，换言之，就是作大纲时所用的关键语，通常指示语是一个字或一个短句。这些指示语相当于大纲中的小纲目，在写笔记时，如能随时与大纲目相配合，则在写文章记笔记工作完成后，整理起来也比较方便。

第三节 构思主题与大纲的实例

对于构思大纲的做法，我们可以举一实例来说明。譬如，我们选择的论文主题是如何在外交上影响美国人。要去影响美国人，首要当然是认识美国人。①

因此，我们必须要研究美利坚民族之形成及其发展。由于美国人口基本组成非常复杂，它是由各种不同民族汇合而成，是民族的大熔炉。而构成美利坚民族的各个种族的习惯、性向、利益都不尽相同。因此造就了美国独特的政治文化。此外，由于各种民族的情感，错综复杂，在外交上自然也产生了一定的影响，其中最显著的就是"重欧轻亚"的传统外交政策。我们应该从这个方面了解美国民族的形成和构造，尤其要研究的是，虽然美国公民都享有投票权，然而许多人并不积极参与政治，也不经常参加政治活动，甚至不投票。因此，只有部分积极参与政治的"选民"，才是在美国政治上发生较大影响力的一群人，他们投票的结果在外交决策上，会发生一定的影响力，于是我们必须要分析美国投票权发展的经过，与了解那些积极投票的人之政治倾向。

如果要掌握美国民众中的多数，也就是美国政治人口中的影响主力，我们必须要研究这些"政治影响主力"的特性，包括年龄、经济、教育、职业及政治见解等方面的基本倾向，以及他们所切身关心的问题又是什么？了解这些美国人的基本性向后，我们从事对美研究工作也就有了可以把握的重点，工作也才能够做得更落实，更具成果。

事实上，更应该注意的是美国人当中有一群经常对公共事务保持相当注意力的大众；他们也是美国民主政治中的骨干，因此也就必须研究这群人的特性与想法。

我们如果从更高的一个层次来看，在这些关心美国政治的公众中，另外有一群人，数目虽不多，但是影响力却更大的"意见

---

① 根据这个主题所写的书，请参见宋楚瑜：《美国政治与民意》（台北：黎明文化事业公司，1978年）。

领袖",他们是制造民意的先锋,由于他们的一言九鼎,往往能够影响许多人。如何了解这群民意领袖?又是一个重要的课题!他们到底又都是些什么样的人呢?

  总而言之,我们必须从各种不同的角度,来彻底了解美国人,然后经由不同的媒介与美国各方面作接触,并进行沟通,从而使美国人对我们有正确的认识,而汇成有力的舆论优势。此外,由于美国民众是构成美国民意的基础,也是美国政府外交政策的最后裁决者,如果希望利用美国的民意影响其外交政策厘定的过程,我们可以由以下几点着手研究这个问题:

  一、了解美国的一般民众。

  二、了解美国人中的意见多数。

  三、了解美国人中真正关心政治的是哪一群人?

  四、分析美国的民意领袖。

  于是,这几个研究方向,就构成了一篇文章的重点和大纲。

第 四 章
搜集参考书与编制书目

*

第一节　搜集初步参考书目的目的

在构思论文主要论点,同时决定了写作大纲之后,就要开列初步的参考书目。换言之,就是要搜集前人对有关问题已发表的资料。一篇好的论文,必须建立在一份完整可靠的资料上,因此开列参考书目是整个论文写作过程的基础,其重要性不容忽视。

编写初步的参考书目,有以下五个主要目的:

第一,使作者确定论文的主题有足够的资料可加以研究,换言之,如果发现资料不足,势必另起炉灶。

第二,由于某些资料并非立即可得,例如从本地图书馆查询系统,发现某项资料是另一个图书馆所收藏,即可通过馆际交换等方式获得研究所需资料,因此可让我们有充分的时间从容搜集资料。

第三,让作者先熟悉相关的题目,并决定研究的方向。

第四,从现有搜集的资料中,可以看出所研究的题目究应扩充抑或减裁。

第五,从书目中能够了解以往别人研究此专题的方向,同时也可以让我们触类旁通，发现一些灵感。

　　由上可见，制作一个初步的书目对论文写作的重要性。在目前知识爆炸的时代，资料浩瀚如海，如何寻找所需要的文献，其本身就是一个十分需要注意的问题．我们最容易想到寻找资料的地方就是图书馆，它是资料来源最丰富的地方。我们必须了解附近有哪些可资利用的图书馆，固然一般图书馆可能有我们希望从事研究的论文题材资料，但是如果能对一些专门图书馆的性质与收藏多有了解，则资料之搜集，一方面可更深入，另一方面收获亦比较大，也易找到更适切的论文资料。譬如在台湾的学生想在美国的选举年研究美国的选举，要了解美国的选举状况，则美国文化中心图书馆，就可提供一份最令人满意的资料；一位学理工的学生想要找科技方面的资料，最好到中山科学研究院的图书馆、科技资料中心或新竹的清华大学图书馆等地去寻找；一位学社会科学的人如要参考社会科学文献，则可借重政治大学的社会资料中心，那儿的资料相当齐备，想要参考第一手的善本手稿，则最好到故宫博物院或"中央图书馆"去找。

　　找到理想图书馆之后，最重要的是要知道如何运用图书馆资料。除了询问资深有经验的图书管理员外，对图书馆的基本组织也需要有所了解，以便充分运用图书资源。至于如何从图书馆中选取可利用的资料，则有赖于对基本参考工具书的了解与利用。古语说的好："工欲善其事，必先利其器"。工具书有如利用图书馆资料的一把金钥匙。

　　不过，在讨论搜集书目门径之前，我们必须先要强调一点，就是在此阶段所做的基本参考书目并不一定就是最后论文完成时的参考书目。因为，首先，有些书可查到书名但不一定能找到这本书。换言之，知其名而不知其所在。其次，按照书名找到书以后，发现该书不一定对论文有用。最后，在书单开好后，发现陆续又有新的增添，因此事后还要再加补充删减。此外，我们还应注意一点，就是在找资料制作书目的过程中，不要局限于一个地方，应该广泛地运用图书馆资源搜集各方面的资料。

第二节　搜集参考书目的方法

搜集参考书目的途径不外以下几种：

（一）充分利用学校及附近图书馆

在过去非科技资讯时代，一般设备齐全的图书馆，所收藏的书籍都会编目登卡，称为分类卡。在大陆通行采用中国图书馆分类法。在台湾，有的按照赖永祥中国图书分类法（后更名为中文图书分类法），有的采用杜威十进制分类法，亦有采用美国国会图书馆图书分类法（详见附录一）。我们应该分门别类地去寻访所需要的资料。假如我们对其分类不十分明确，则可以先找出主题中较重要的关键词（Keyword）去查询，亦可利用有关研究此一问题的名家作者的姓名来查相关的资料，此方式仍适用于资讯科技发达的今日。

（二）查考期刊目录

近代学术研究不能离开期刊与学报，因为期刊资料新颖精简，而近年来期刊指南与期刊论文索引的编制，提高了期刊的使用价值，以往通过期刊论文索引相关分类，可以查到所需要的资料，现在因为计算机科技日新月异，因特网（Internet）使用相当普及，对于期刊与学报等索引数据，也都设置了电子化数据库供查询使用，像"中央图书馆"全球信息网（http：//www. ncl. edu. tw /mp. asp？mp＝2）的《台湾期刊论文索引》及其《电子数据库》中的《ProQuest Central 西文跨学科学术数据库》、《CONCERT 电子期刊联合目录》等，台湾"国家实验研究院科技政策研究与信息中心"（STPI，http：//www. stpi. narl. org. tw /）的《学术电子期刊系统》（http：//ejournal. stpi. narl. org. tw/NSC_INDEX/

KSP/index.jsp)、《万方数据资源系统》(http://www.wanfang-data.com.cn/)等,都提供了不胜枚举的各学门领域的期刊数据库,内容极为丰富,使用者只需相互参照,不难发现有些一样或雷同之数据库,此时只需依个人习惯使用即可,善用查询目录工具,将可发现搜集参考文献工作不再是一件困难复杂的事。

沈宝环先生指出,在使用期刊索引的时候,应注意以下几点:

(1) 尽可能使用汇集本(Cumulated Index),以节省时间。

(2) 利用索引找寻资料时,应尽量先检最新年代的索引,依年代次序倒退,俾取得最新颖资料。

(3) 使用纸本索引时,首先应注意封面及背脊上之索引名称及索引年限,再行翻阅。

(4) 一般性期刊索引所搜集的资料,不一定限于一般性;而专门性索引,也不一定限于专门性的数据,二者之间,实是相辅相成。因而找寻资料时,不可稍存偏废。每种索引虽有其范围和限制,但常需两者兼用,才能找到适当材料。换言之,我们在找寻专门题目时,必须也在一般性索引中寻找,而找全盘性大题目时,也应尽量从专门索引中去寻找。各种索引所收集的对象不同,所收期刊的范围不同,必须兼容并顾。

(5) 特别应注意各种索引时期的衔接,及若干索引停刊日期,是否能由其他索引接替等关系。

(6) 根据索引找到资料所在时,如要再进一步查期刊之所在,则可利用杂志指南,例如利用各图书馆所藏期刊目录、电子数据库等参考资料与途径找到杂志本身。①

下面我们除了列出一些重要纸本期刊目录索引外,也将同

---

① 参见沈宝环编著:《西文参考书指南》(台中:东海大学,1962年)。第161—63页。

时提供至今仍刊行的相关期刊目录索引电子网址（Address，URL）俾利读者参考使用。

1. "中央图书馆"：《台湾期刊论文索引》，（台北：编者印行，1970—）。

    《台湾期刊论文索引系统》(http://readopac.ncl.edu.tw/nclJournal/)原名《台湾期刊论文索引》（纸本），自1970年创刊以来，收录中西文期刊476种，1982年以后增至688种，至今已超过5000种。2005年更名为《中文期刊篇目索引系统》。为更符合数据库所收录之期刊系以台湾之出版品为主，2010年再度更名为《台湾期刊论文索引系统》，均依据赖永祥中国图书分类法按类编排。

2. 台湾大学图书馆编：《中文期刊论文分类索引》（台北：编者印行，1960—1982年）。

    本索引收编之期刊以台湾光复后所刊行者为主，若干海外刊行之期刊及中文期刊内所附之西文论文亦予编入。但期刊中之社论、短评、书评、文艺创作等则未予编入。

    编排系依赖永祥中国图书分类法顺序排列，视实际情形列出若干分类号码及标题。每条之记载首列篇名代号，其余依序为著译者、篇名、刊名、卷期、页数及出版日期。

    此索引分辑刊行，发行至1982年共17辑，收期刊计399种。

    台大图书馆所编之索引，其所载之论文并不限于社会、人文科学方面，内容较庞杂。体例与政大所编之《中文期刊人文暨社会科学论文分类索引》大致相同，两书可互为参考。

3. 政大社会科学资料中心编:《中文期刊人文暨社会科学论文分类索引》(台北:编者印行,1966年—1969年,四册)。

  本索引系就台湾及香港出版之中文期刊74种中,凡有关人文及社会学科之论文,依赖永祥中国图书分类法加以分类汇编(后更名为中文图书分类法)。

  所采编之论文旨在便利人文及社会科学之研究,是故,与上述性质有关之论文,均尽量纳入。每一论文,分别将其论文题目、作者、期刊名称、卷期、页数及出版时间逐一注明。

4. "中央图书馆"编:《中国近二十年文史哲论文分类索引》(台北:编者印行,1970年)。

  "中央图书馆"为总结20年来文史哲研究之成果,便利学人之索检参考,乃编此索引。辑录馆藏1948—1968年间刊行之中文期刊,以有关中国哲学、语言文字学、文学、历史、考古、民族学、目录学等之学术论文为限,共收期刊261种,论文集36种,计23、626条目。

  本索引之印行,不仅可资分类检索论文资料,且可借以纵览台湾20年来文史哲学科研究发展之趋势。自2005年开始,"中央图书馆"建置"台湾文史哲论文集篇目索引系统"(http://memory.ncl.edu.tw/tm_sd/search_simple.jsp)提供线上查询,收录1945年至2005年上半年所藏论文集3300余种,近6万篇篇目。

  本索引及《中文报纸文史哲论文索引》是台湾对文、史、哲学科之论文所作索引最完整者,两者可合并使用,对文、史、哲资料之检索助益不少。

5. *International Index to Periodicals*. New York: H. W. Wilson Co., 1907-1965.

6. *Social Sciences and Humanities Index*. New York: H. W. Wilson Co., 1965-1974.
7. *Social Science Index*. New York: H. W. Wilson Co., 1974-.
8. *Humanities Index*. New York: H. W. Wilson Co., 1974-.

《国际期刊索引》(*International Index to Periodicals*)乃是《期刊读者指南》的补篇之一,此一出版物收集期刊170余种,因为部分为欧洲出版之期刊,故定名为《国际期刊索引》。其选择期刊之重点偏重社会科学及人文科学,自1955年以后,这种偏向更显加强,纯科学及心理学期刊均被删除,而另以52种社会及人文科学期刊代替。从1956年起,改名为《社会科学及人文学科期刊索引》(*Social Sciences and Humanities Index*)。自1974年起,则分编成《社会科学期刊索引》(*Social Science Index*)及《人文期刊索引》(*Humanities Index*)两书,均为季刊,有年汇编本。

9. *Readers' Guide to Periodical Literature*. New York: HW. Wilson, 1900-.

《期刊读者指南》(*Readers' Guide to Periodical Literature*)简称 Readers' Guide,为近代期刊索引中最重要的一种。本书于1900年问世,1905年发行第一次汇集本,创刊时仅收集期刊20种,至今已超过300种,均为普通性质的期刊。绝大多数系美国的出版品。每篇期刊论文皆依照作者和主题索引,有书名索引者仅限于小说。标题均采用名词。

威尔逊公司除了发行印刷纸本索引之外,该刊数据(以下介绍该公司出版之各类索引)现都可经由 Wilsonline 在线(http://www.hwwilsoninprint.com/

periodicals. php)或光盘(CD－ROM 型式,收录 1983 年 1 月至今的数据)进行查询。

10. *Poole's Index to Periodical Literature*. Rev. ed. Boston: Houghton Mifflin Co.,1891. 2v. Supplements:1887-1908,5v.

《蒲尔索引》(*Poole's Index to Periodical Literature*)不仅是历史上第一部期刊索引,也是研究 19 世纪期刊文学最重要的一部索引。

(三) 查考专门索引与目录

这些专门索引与目录都是为了一些特殊的主题,诸如:教育、经济、文化、艺术、宗教、书评、医学、工程、传记等而编制。从这些特殊书目中,可轻易找出我们所需要的主题。以下列出一些重要书目及索引供读者参考。

1. 台湾师范大学图书馆编:《教育论文索引》(台北:编者印行,1962—1977 年)。
2. 台湾师范大学图书馆编:《教育论文摘要》(台北:编者印行,1978 年)。

师大图书馆为使师生参考研究,原编有《近五年教育论文索引》一种,内容包括 1957 年至 1961 年出版之教育类杂志,1960—1961 年出版之综合性杂志及 1961 年各报刊所载之教育专论。收编报刊 90 种,共收录论文 3800 余篇,于 1962 年冬分两期刊于师大《中等教育》月刊,并于 1963 年元月由该馆印成单册,并定名为《教育论文索引》。

1962 年《教育论文索引》,接续前刊编辑。选录范围以 1962 年起,在台出版之中文期刊、报纸,以及所载前项索引未列之教育专论为主。共收期刊 35 种,录得论文 1800 余篇,仍依赖永祥中国图书分类法分类排比,计 19 类,以期与前编系统一致而便于查用。1978 年起改名为《教育论文摘要》。共收期刊 120 种,报纸 11 种,选录论文 1223 篇,每条款且均有摘要。

3. 教育资料馆教育资料组编:《教育论文索引》(台北:1972 年)。

　　此索引与师大所编之《教育论文索引》性质相似,可互为参考。

　　此索引为年刊,乃教育资料馆搜集前一年之各种重要期刊报纸所载教育论文。所收录之范围,以出版之中文杂志、报纸刊载者为主,除教育论文外,其他有关教育方面之重要报告、研究讨论会议记录、教育活动及语文用法等,为便参阅,亦并予采入。

　　本索引就论文内容分类编排,名类项目及次序参酌各家分类及实际需要而定。

　　各项目所列各篇论文,以每篇为一条,冠以号数,统一连贯编号,顺序编排,每条列为:编号、篇名、著译者、刊名、卷期、页次(版次)及出版日期。

　　此索引收录之教育论文,均分类汇存该馆教育资料组以供查阅。

4. 袁坤祥编:《法律论文分类索引》(台北:三民书局,1963 年)。

　　此索引收编之期刊,自 1947 年至 1962 年底,以在台湾发行者为主,计 89 种。以法学期刊为主。其他虽非法学期刊而与法学有关之论著、译述社论、短评、书评及法学杂论均在编引之列。所得之法律论文 6300 余篇,分为法学总论、法律哲学、法制史、宪法及民刑法等 94 类。各类分别依法典章节顺序编列细目,自成体系。每篇论文摘载编号、篇名、著译者、刊名、卷期、页数、出版年月、备注各栏,简明扼要,取精用宏,全书共 50 余万言。书后附有著者索引。举凡中国当代法学名家均包罗在内,各名家撰述之论文,皆于其下注明编号。

此索引其内容分门别类,类目详细,章页显明,井然有序,范围广泛,检索方便,为检索法学论文之重要途径。

5. 盛子良编:《中文法律论文索引》(台北:东吴大学,1972年)。

此索引体例与袁坤祥所编之《法律论文分类索引》完全一致。惟袁氏之书所收期限至 1962 年底,而此书自 1963 年至 1970 年,可说是前者之续。而此书又索引了报纸中有关法学之论文。

本索引所收期刊共 110 种,报纸 15 种,论文 718 篇,依六法分类,其不入于六法者,分别归于增列之"法学法律及法制"和"国际法及英美法"两类,计 8 大类,133 小类。

6. 东吴大学图书馆编:《中文法律论文索引》(台北:编者印行,1972—2000 年)。

本书系接续前两种法律期刊索引编印……自 1975 年后,每年刊行一次,至 2000 年后,配合信息检索技术的发展,重新整合更名为《东吴大学中文法律论文索引数据库》(http://www.ncl.edu.tw/content_ncl.asp?cuItem=8808&mp=2),收录自 1963 年至 2004 年 3 月专业法律学术之期刊文章、报纸专论、学术论文等资料,另外也收录了大陆法学期刊论著等。

7. 马景贤、袁坤祥编辑:《财政论文分类索引》(台北:美国亚洲学会中文研究资料中心发行,成文出版社出版,1967 年)。

本索引收编之期刊自 1945—1965 年底止,以在台发行之中文期刊为主。参照赖永祥中国图书分类法加以分类编排,并按实际内容再行细分。

编排顺序:编号、篇名、著译者、期刊名、卷期、页次、出版年月、备注。各类编号,系按出版先后为序。

袁、马二氏合编之《财政论文分类索引》,举凡财政理论、财政历史、财政政策、财政制度、财政实务及其他有关财政问题之论文,莫不搜罗完备,分类编号,共计 6000 篇,均一一注明出处,极便查考。不仅从事财政研究的工作者,可循此获取其所需之资料,政府财税行政、议会财税立法、工商企业及社会人士之欲了解财政问题者,均可以此为查考工具。此外。尚有《经济论文分类索引》《货币金融论文分类索引》,这两本书与本索引同属一丛书,其体例皆相同,亦可作为参考之用。

8. *Agricultural Index*. New York: H. W. Wilson Co., 1919-1964.

9. *Biological and Agricultural Index*. New York: H. W. Wilson Co. ,1964-.

《农学索引》(*Agricultural Index*)收集期刊 115 种,均为农学及农业相关学科之期刊学报,有关农业之书籍、报告、小册子、美国政府农林部出版品等,都在收集之列。本索引为一主题索引,每年有汇集本,每间隔三年更有大汇集本。此索引于 1919 年创刊,1964 年此出版品停刊,由《生物学及农学索引》(*Biological and Agricultural Index*)代替。

《生物学及农学索引》搜集的是有关农业、植物学、生物学、动物学等之英文期刊,依主题索引。

10. *Architectural Index*. Chicago: Architectural Index. 1951-.

《建筑学索引》(*Architectural Index*)一年出版一

次,每年将过去一年中 7 种美国主要建筑学期刊,加以索引处理。此为一专攻建筑学专家使用的索引。

11. *Art Index*. New York:H. W. Wilson Co.,1929-.

《艺术索引》(*Art Index*)收集资料范围甚广,考古、建筑、美术、工业设计、室内装置、园艺风景、绘画、雕刻等,皆被收容。索引期刊约 600 种,每季出刊一次。每年及每三年均有汇集本,索引办法系将著者与主题混合依字母顺序排列。

12. *Biography Index, A Cumulative Index to Biographical Material in Books and Magazines*. New York:H. W. Wilson Co.,1946-.

《传记索引》(*Biography Index*)为一季刊,每年有汇集本,每三年有大汇集本。本索引收集各种类型传记资料,如书籍、日记、备忘录、族谱、讣告、期刊论文,均在索引之列。威尔逊出版公司索引系统所索引超过 62 万笔的文章及书籍数据,报纸上所载新闻人物,则不在收集范围之内(唯一例外为《纽约时报》刊登的讣告)。

13. *Dramatic Index*. Boston:F. W. Faxon Co.,1910-1950. 39v.

14. *Cumulated Dramatic Index*. 1909-1949. Boston:G. K. Hall Co.,1965.

《戏剧索引》(*Dramatic Index*)为每年出版一次的专门索引,此索引同时发表于《书目杂志》(*Bulletin of Bibliographies*),而由《期刊主题索引年刊》(*Annual Magazine Subject Index*)加以汇集,至 1949 年后,即不见本索引发行。霍尔公司(G. K. Hall Co.)为学人参考便利,将 41 卷《戏剧索引》,汇编为《戏剧索引合订本》(*Cumulated Dramatic Index*,1909-1949)。

据华尔福(A. J. Walford)称,此一索引,颇有美国偏见,但此一主题索引对研究戏剧,仍有极大功用,因为《戏剧索引1909—1949合订本》,为找寻150种英美出版戏剧及电影期刊资料之唯一指南。由此一索引,研究者可查出剧本著者、演员传记资料、演出评论等。

15. *Education Index : A Cumulated Author and Subject Index to a Selected List of Educational Periodicals , Books , and Pamphlets.* New York: H. W. Wilson Co.,1929-.

    此书为一著者及学科混合索引,收集约800种期刊中的资料,其中大多数为美国出版物,英国出版的期刊不过数种而已。

16. *Engineering Index.* New York: Engineering Information Inc.,1884-.

    所谓《工程索引》(*Engineering Index*),是一个主要收录工程、科学等技术的期刊、学报、会议论文及政府出版品等文献的世界四大著名检索工具之一,简称EI。此一索引收集数据甚为庞大,超过6500种期刊及1430万笔书目资料,采用近40种语言文字,因此附有翻译部门为研究者所需提供服务。

17. *Industrial Arts Index.* New York: H. W. Wilson Co., 1913-1957.

18. *Applied Science and Technology Index.* New York: H. W. Wilson Co.,1913-.

19. *Business Periodicals Index.* New York: H. W. Wilson Co.,1913-.

    《工业艺术索引》(*Industrial Arts Index*)为一依字母顺序排列的主题索引,其收集期刊达300种,大部分为英美出版之工商期刊。

1957年本刊改组为《应用科学技术索引》(*Applied Science and Technology Index*)与《商业期刊索引》(*Business Periodicals Index*),现前者收集期刊700余种,后者收集超过了1000种。

20. *Library Literature & Information Science Index*. New York: H. W. Wilson Co., 1905-.

    该索引每隔一月出刊一次,另有每年及三年汇集本。此一出版品为一有关图书馆及信息科学之索引。每一款目均附有短评(Annotations),短评长短程度参差不一。大体书籍及英文以外文字所写的论文"短评"较长。论文收集并不限于专业性刊物,任何刊物中有关图书馆文字皆在收集范围以内,另相关的图书、小册、卷片、缩影片、图书馆学校论文、研究报告等也一并编入。

21. *Index to Legal Periodicals*. New York: H. W. Wilson, 1908-.

    本书以主题和作者混合编排方式索引在美国、加拿大、英国、爱尔兰、澳大利亚、新西兰等国出版之法律期刊千余种,每月出刊,有每季及年汇编本。

22. *Music Index: the Key to Current Music Periodical Literature*. Detroit: *Information Service*, 1949.

    《音乐索引》(*Music Index*)主要为一主题索引,乐曲的评论则编排于作曲人及使用乐器项下。本索引每月出刊,每年有汇集本。刊行初期,使用者对此索引收集范围狭窄,颇有评议,后来编辑部门力求改善,收集期刊在150种左右,其中半数以上为美国出版物。

    本索引最大的用途,是为找寻普通期刊不常登载资料,及其他索引不收集之音乐项目。关于古典音乐方面,本索引资料可以《音乐书目》(*Bibliographie des Musikschriftturns*)补充其不足。

23. *Psychological Index*. Princeton:N. J. Psychological Reviewing Co.,1895-1936. 42v.

    《心理学索引》(*Psychological Index*)收集了 300 种心理学期刊学报所载论文,以及较重要心理学书籍。此索引每年刊行一次,编组方式依主题分类,但索引部分仅限著者一种,《心理学索引》现已由《心理学文摘》(*Psychological Abstract*)代替。

24. *Public Affairs Information Service Bulletin*. New York:Public Affairs Information Service. 1915-.

    《公共事务资料服务杂志》(*Public Affairs Information Service Bulletin*)简称 P. A. I. S.,为研究社会科学最重要的参考资料。

    P. A. I. S. 之所以列入索引类讨论的原因,是此一出版品,索引将近 1000 多种精选社会科学期刊,但 P. A. I. S. 的重要并不在于索引而在于事实与统计(factual and statistical information)资料。

    P. A. I. S. 定期更新,依学科排列,每年汇订数次,每年终了发行合订本,年刊中另附有索引期刊简称与全名对照表、出版商及机关团体名单、参考书检讨。自 1956 年起,年刊中附加有著者款目,对于各国或地区的情况报道以及参见之完善,都是本出版物可以自豪之处。从 2006 年 9 月开始数位化。

(四)查看基本参考书目

近年来,电子数据库已发展成形,纸本书中最受影响的应该首推参考工具书的印行,因为使用者可以从在线数据库取得查询的数据；虽然如此，我们仍将过往重要的中西文参考工具书罗列如下，读者仍可从中获得找寻数据的方向。

1. 沈宝环编著：《西文参考书指南》（台中：东海大学，1966年）。

    本书是针对研究工作者、研究生及一般大学生的需要所编制的，是介绍西文的重要参考书。本书收集的重点以1965年前在美国出版的参考书为主，间或介绍英、德、法等国之出版品，同时选择的态度十分谨慎，对每本书所作的短评，均系综合各权威书评及专家的意见。为一本非常重要、不可或缺的西文参考书指南。

2. 李志钟、汪引兰编著：《中文参考书指南》（台北：正中书局，1972年）。

    本书收列参考书1535种，以1945年台湾光复后至1971年6月在台编印及影印出版之中文图书为主，西文参考书以及1971年6月以后出版之参考书亦酌予收录。全书共分六编，惟仍以人文、社会科学、历史及地区研究为主要搜集对象。

3. 张锦郎编著：《中文参考用书指引》（台北：文史哲出版社，1979年）。

    本书原作为图书馆系学生参考之用，书中一一列举重要参考书籍，包括：参考工具书、书目、索引、字典、辞典、类书、百科全书、年表（鉴）、传记参考资料、地理参考资料、法规、统计、名录、手册等。收集资料丰富，为重要的中文参考用书。

4. H. R. Malinowsky原著：《科技参考文献》（*Science of Engineering Reference Sources*），沈曾圻等编译（台北：技术引介社，1976年）。

    本书原系专供教"科技文献"的教师或图书馆员作

为教科书之用，但亦可帮助大学生作科技文献之指引，以便于研究前的资料准备工作。全书包括数学、物理学、化学、天文学、地质学、工程学、生物学、植物学、动物学、医学等。本书为研究科学的学生不可或缺的参考书。

5. Louis Shores. *Basic Reference Sources: An Introduction to Materials and Methods*. Chicago: American Library Association, 1954.

修尔斯的《基本参考资料》是参考书中最著名的一种。本书所收集的范围包括：一般性参考资料、学科参考资料以及参考工作讨论。书中立论客观，包括范围亦相当广泛。

6. Eugene P. Sheehy. *Guide to Reference Books*. 9th ed. Chicago: American Library Association, 1936.

本《参考指南》是参考指南中最大的一种，所收集的参考书在 1500 种以上。此书于 1902 年开始出版，所收集的资料对大学图书馆尤其实用。

7. A. J. Walford. *Guide to Reference Material*. 2d. ed. London: The Library Association, 1966-1970.

该书是英国出版的参考书指南，自 1966 年至 1970 年，连续出版三册，第一册内容包括科学、技术；第二册包括哲学、心理学、宗教、社会科学、地理、历史、传记等；第三册则包括总类、语言、文学、艺术等。此书的特点是对每一本参考书的评语，在取舍之间都有明显的英国立场，同时在书评方面，对外国的百科全书、国家目录等的评论与形容，均较西比(Sheehy)所作的要深入。

8. Robert W. Murphey. *How and Where to Look it Up; A Guide to Standard Sources of Information*. New

York: Mc Graw-Hill Book Co., 1958.

  此一参考书可分为四部分,主要为参考书及其用途、基本参考资料与各种讨论人、地、事之特种参考数据及索引。本书简单扼要,十分实用,特别是各章前的介绍文字,使读者在浏览书目之前,先有一通盘的观念。

9. *American Reference Books Annual*. Littleton, Colo.: Libraries Unlimitd Inc., 1970-.

  每年出版,搜集前一年在美出版之参考书,按类编排,每书均有评介。自1970年至2013年已发行44版,里面收录超过1 500种以上的参考工具书。

(五) 参考有关博、硕士论文目录

  通常研究所的博士、硕士论文,均系研究生就其选定之专题,在教授指导下之精心撰著,涉及题材很广,可供参考之处甚多,惟大多数均未正式出版,此类论文收藏在台湾较完整者为"中央图书馆"和政大社会科学资料中心(http://www.ssic.nccu.edu.tw/index.php/tw/),除纸本收藏外,前者自1997年建置《"全国"博硕士论文摘要检索系统》,至今所使用的《台湾博硕士论文知识加值系统》(http://ndltd.ncl.edu.tw/cgi-bin/gs32/gsweb.cgi/ccd=ldUc4w/webmge?Geticket=1),曾历经三次改版,目前共收集已授权论文全文将近29万篇、纸本论文扫描文件(只限"国图"所属计算机使用)1万6千篇以及书目与摘要逾82万篇,是收录台湾地区博、硕士论文数位化作业最为完整的数据库;后者则自2002年建置《政大博硕士论文全文影像系统》(http://thesis.lib.nccu.edu.tw/cgi-bin/gs32/gsweb.cgi/ccd=Kv.6Qb/webmge),收集博、硕士论文全文2万7千余篇及摘要3万余篇。以下介绍的五种,是在70—80年代较为重要之综合性及专门性博、硕士论文目录纸本出版品:

  1. 王茉莉、林玉泉主编:《博硕士论文分类目录》(台北:天

一出版社,1977年)。

本目录收编之论文以"中央图书馆"和政治大学社会科学资料中心所典藏者为主;收辑1949年至1975年(并包括1976年之一部分)之博士、硕士论文及港澳地区硕士论文之一部分,以及军队派遣出外深造人员所撰之论文共8691篇,各论文之编排,系参照赖永祥中国图书分类法,并酌分细目,附著者及篇名索引。

2. 政大社会科学资料中心编:《国文思想资料、博士与硕士论文目录》(台北:编者印行,1972年)。

第一部分为政大社会科学资料中心"中山资料室"的藏书有关目录;第二部分为政大1956—1970年的博士与硕士论文有关目录;前者按类编排,后者按各研究所分别列出。

3. "教育部高等教育司"编:《各院校研究生硕士论文提要》(台北:正中书局,1976年)。

本书收录台湾公私立大学暨独立学院(包括各国或地区及军警院校)研究所硕士班学位论文提要,编排依照研究所类别分文、法、商、教育、理、工、农、医等八类,再依校别排列,各篇论文分别记载题目,作者校名、姓名,指导教授姓名,本文提要,文末并附作者索引。

4. 杨孝濴编,易行、郑振煌译:《政治大学新闻研究所传播研究论文摘要》(台北:政大新研所印行,1972年)。

本书收录政大新研所成立20年以来部分有关传播研究之硕士论文中英文摘要,至1974年出版到第3集。

5. "教育部学术审议委员会"编:《博士论文提要》(台北:商务印书馆,1980年)。

本书收录1960年至1978年底各年度由颁考之全部博士学位论文提要凡270篇,依文、教、法、理、工、农各学科顺序及授予学位先后时序编排,文末附学位授予法及施行细则。

(六) 查参特殊的百科全书

有很多百科全书在每一篇文章后面常附有重要的参考书目,对某些主题可提供进一步查证研究。重要百科全书,也分列于下,以供参考。

1. *Encyclopaedia Britannica*. Chicago: Encyclopaedia Britannica Inc., 1982. 30v.

    《大英百科全书》是英文百科全书中最著名、最资深及最大者,是一部成人用的大百科全书,创刊于美国独立前8年,创办者是英国的士绅学会(A Society of Gentleman),而于1920年为美国西尔斯公司(Sears, Roebuck & Co.)购得版权,并于1943年转赠芝加哥大学(University of Chicago),现在已自行成立公司经营,与芝大无关。本书执笔者多达1万人,均为举世闻名之学者专家,其中诺贝尔奖及普立策奖得主约在70人以上。1985年曾大规模修订,90年代初发行光盘(CD-ROM),并有线上检索系统。

2. *The Encyclopedia Americana*. New York: The Encyclopedia Americana Corporation, 1982. 30v.

    《大美百科全书》于1829年至1833年间出版,是根据德国著名的大百科全书(*Brockhaus Konversations Lexikon*)中的资料改编而成,为现存美国所著之百科全书中历史最悠久的一种。本百科全书执笔者超过6000人,所有重要条目均由执笔者署名。1918年至1920年,曾大规模修订,共30卷。由于内容广博,编制得法,成为最受欢迎而采用最普遍的参考工具书之一。此百科全书亦提供线上检索系统,可依文章标题(Article

Title Search)、全文（Full Text Search）、主题（Topic Search)及浏览（Browse）等方式检索资料。

3. *Collier's Encyclopedia*. New York：Crowell Collier Publishing Company，1962. 24v.

《科利尔百科全书》于1949年至1951年间出版，为美国三大百科全书之一，就篇幅文字而论，仅次于《大美百科全书》和《大英百科全书》，为百科全书中最精致美观者。其执笔学者、专家亦多达5000人，所有主要的文字均经执笔者署名，并发行光盘（CD-ROM）版及线上检索。

4. 陈可忠、赵兰坪、王伯琦等主编：《东方百科全书》（台北：台湾东方书店，1953年。三册）。

全书分30篇，由50余位专家学者执笔，每篇均注明编撰人姓名，每一学者就该学科之基本概念作一有系统之叙述，各学科不再分类，计包括社会、法律、商业、政治、生物、地质等数十科。

5. 中国文化大学、中华学术院编：《中华百科全书》（台北：编者印行，1981年）。

本书共有10册，内容包括三民主义、哲学、宗教、传记、科学、法律、军事、医学、新闻、经济、政治、海洋等40部门，采用辞典式综合编排，全书辞目共15 000余条，各辞目撰稿人，系邀集台湾学者、专家2000余人担任之，文末标明执笔者姓名。

（七）查阅各书店和报纸的出版周刊、图书目录或汇报

通常各大出版公司会定期编印一次图书目录和汇报，免费分赠顾客。例如台湾商务印书馆及三民书局所出版的《图书目录》，欧美各大图书馆的图书目录一经函索，亦会免费寄赠。"中央图书馆"全球信息网《"全国"新书信息月刊》（http：//isbn.

ncl.edu.tw/NCL_ISBNNet/），也提供新书出版信息，是一个相当便捷的渠道。

（八）留意各书店新书日报、月报及新书广告等

台湾各大书店为推销新书，常在各大报刊登载广告，其中与研究有关的各种参考书目，应随时抄下备用。

（九）留意报章杂志上各种新书介绍与书评

各种期刊不但刊有新书广告，而且多设有书评栏，邀请专家对最近出版的新书加以简单评述与介绍，不但使读者知道新书作者姓名、出版书店、地点、时间和价格等，同时还可以了解该书之内容大要与评价。一般来说，撰写书评的人均为该行中的专家，他们对每本书所作的批评，都有值得参考的价值。此外，由于他们对新书所提的论点，以及在书评中，他们就个人的看法加以申述，往往会给我们一些新的灵感和启示。

（十）查考讨论某项问题的书籍，其中所开列的参考书目，也是我们研究同类性质所需用的参考书

普通书籍，尤其是教科书，在书后通常都附有参考书目，甚至在每章之末，都附有特殊问题的参考书目。例如讨论人口问题的书，后面会列有关于人口问题的参考总目，每一章后面都有关于某一方面人口问题的参考书目，这比到图书馆再查询检索来得更直接简便。

（十一）查考有关某项问题之专文所列的注释

在这些注释中，一方面可以了解作者思想的来龙去脉，另外也提供了进一步研究的资料来源。因为在许多文章中，其本身只讨论一个狭隘的主题，对其他方面往往一笔带过，而在注释中，则说明了这些资料的来源，可提供进一步研究的线索。

（十二）查考政府机关及学术团体所出版的书籍目录

政府机关出版之书籍，有些是非卖品，亦有些是可出售的。出售的书籍大多印有目录。美国政府出版品，就有很好的目录可供我们参考。政府机关出版的图书资料，特别是统计数字方面的资料，确实值得我们重视，这些资料亦可通过机关的网站取得。而一般学术团体所出版的书籍，尤其需要随时留意搜集，不宜忽略。

（十三）查考各国或地区出版的总书目

比如美国的《图书索引集成目录》(*Cumulative Book Index*)、《美国图书总目录》(*National Union Catalog*)、《英文图书目录》(*English Catalogue of Books*)、法国的《法文图书总目》(*Catalogue Général des Liver Imprimés*)、《日本出版年鉴》等，都将其本国当年图书出版的情形作完备的报道，是寻找参考书不可少的工具书。

（十四）留意各学校及机构所印发的各种新增图书目录

各学校收到新购的书目或私人、机关新增的书刊，在编定目录后，通常会出版新增图书目录小册，各机关亦有这种印发新增书目的习惯。

（十五）查考世界各地出版的图书总目录

各书店为求推销和营业便利，常印有书店出版的图书总目录，以便顾客查用。例如，美国出版的《营业年鉴》(*Publishers' Trade List Annual*)、《图书出版目录》(*Books in Print*)、《分类出版目录》(*Subject Guide to Books in Print*)，此外，大陆亦有总书目的发行，如早期生活书店的《全国总书目》，及开明书店的《全国出版总目录》等。

（十六）请教专家

由于现代学术分工精细，各种问题逐渐趋于专业化，个人的时间与精力有限，研究的问题无法过于广泛，对各种专业问题不妨请教专家，由于他们对这一领域已有深厚的研究，对参考图书的选择必定会有助益。

（十七）查考一些重要书摘索引

如果所找出的书目太多，无法判断取舍，可先查有关的书评索引，从中择取所需要的。

（十八）比索引更好的是摘要或提要

图书摘要不但可在极短的时间了解图书文章的内容，也可迅速找到所要的资料。重要的摘要有：

1. *Book Review Digest*. New York：H. W. Wilson Co., 1903-.

《书评摘要》(*Book Review Digest*)，每月出刊一次，每半年、一年有汇集本，每隔五年之年刊附有五年汇集索引。这个摘要每年收集数千册书籍书评，被收录的作品必须经过两种以上书评期刊的评论，小说被收录的条件更为严格，至少要取得4种以上的书评。因此这一摘要收入的书籍，虽不一定皆为杰出的作品，但至少都是引人注目的著作。

2. *Book Review Index*. Detroit：Gale. 1965-.

《书评索引》(*Book Review Index*)与书评摘要不同，书评索引是全盘性的，凡是约定的400余种美国期刊、报纸及若干美国以外地区之期刊、报纸中所刊载的书评，均为索引收集的对象，因此收集的书及论文范围甚广，无论是学术性的或通俗作品，均在收集之列，仅有科学及技术方面的刊物，不在索引之内。该索引除以纸本形式出版外，也发行缩影版，同时可从DIALOG数据库查询。

（十九）报纸及报纸论文的索引

报纸及报纸论文的索引亦十分有用，除了以下列出一些重要的报纸及报纸论文纸本索引外，像"中央图书馆"全球信息网《"全国"报纸信息系统》(http：//readopac. ncl. edu. tw/cgi/ncl9/m_ncl9_news)、立法院全球信息网(http：//www. ly. gov.

tw/innerIndex.action)《新闻知识管理系统》等在线检索系统，对于查询数据帮助甚大。

1. 政治大学社会科学资料中心编：《中文报纸论文分类索引》（台北：编者印行，1962—1993年）。

　　本索引收集范围为台湾及香港等地出版之各种中文报纸，如"中央日报"、《中华日报》、《新生报》、《联合报》等22种。所载论文以有关社会科学及与政大各院、所、系有关之人文科学之学术论文为限。依赖永祥中国图书分类法加以分类编排，每年出版一次。

　　这部索引，可说是当时台湾将有关报纸论文加以分类编排最完整者，而且也没有其他的学术机构重复做这项工作。其参考价值甚高，而难能可贵的是，此索引自第一辑出版以来，每一年出一辑，至1993年止。对于社会科学资料、论文之检索，贡献很大。

2. 张锦郎编：《中文报纸文史哲论文索引》（台北：正中书局，1973—1974年）。

　　该书体例《与中国近二十年文史哲论文分类索引》大致相同，另有一个标题索引，就论文内容之人名、地名、书名、朝代名称、种族名、典章制度、重大史实、物名等标题提出，按笔画多寡先后排列。

　　本索引收录了"中央日报"等20种中文报纸，从1936年元月至1971年5月，有关中国哲学、语言文字学、文学、历史、传记、专史、考古学、民俗学、图书目录学等论文资料，12127篇。除论文外，凡随报发行之特刊、纪念刊、纪念个人之社论，具参考性质之访问特写及"中央日报"之"中央星期"杂志，联合报之《联合周刊》等亦兼列之。

　　收录之论文，主要根据"中央图书馆"所藏的中文报纸而旁及台湾大学研究图书馆、台湾图书馆（前省立台北图书馆）及师大图书馆之收藏。

此索引，系张氏继《"中央日报"近卅年史哲论文索引》之后所完成的第二部索引，体例一似前编，为用至大。可以说是台湾在当时对报纸索引中收罗最丰、体例最完美的一种。

3. *New York Times Index*. New York：New York Times，1913-.

美国《纽约时报》为世界最重要的报纸，该报之索引对世界及美国本身新闻报道、重要文件、演说全文、权威性的书评与影评、美洲及世界大事的分析、商情的报道、重要人物的讣告等均有完整之资料，研究者往往不需要阅读报纸本身，仅借索引即可取得若干事实之答案。

4. *Times Offcial Index*. London：Times Office，1907-.

英国《泰晤士报索引》于1906年开始编制，编制方法及范围与《纽约时报索引》略同，此索引之价值，在于对有关英国及欧洲大陆资料的收集，较为详尽。

（二十）电子数据库索引系统

对于撰写学术论文者而言，在走遍全世界的 e 时代里，懂得运用网络检索数据，可省去很多时间。而文献数据电子整合的工具，也日益推陈出新。除了各大学图书馆各自建构的电子数据库外，兹列举台湾几个重要的信息网络平台如下：

1. "中央图书馆"（http：//www.ncl.edu.tw/mp.asp？mp＝2)

2. 台湾科技政策研究与信息中心（STPI, http：//www.stpi.narl.org.tw/)的学术电子信息资源共享联盟（http：//cdnet.stpi.org.tw/db_search/15_monograph.htm)

3. "中央研究院图书馆"（http：//aslib.sinica.edu.tw/

index.html）

以上图书馆都提供数不胜数的电子数据库与网络资源分享，其中包括政府各机关公报信息系统、各公私立大学图书馆如台湾大学图书馆（http://www.lib.ntu.edu.tw/）等或与其他国际知名的大学图书馆如加州大学伯克利分校图书馆（http://www.lib.berkeley.edu/）的连接等等，综合性、专业性的数据库，互通有无，实已建构形成一个信息网络地球村；使用者通常只要透过计算机，即可与全世界各大图书馆或研究机构连接，再点选主题项目，即可进入查询，举例说明，如果欲找询大陆的博、硕士论文，可以通过"中央图书馆"的馆内计算机进入《电子数据库》（http://esource.ncl.edu.tw/esource.htm）点选《中国知网（清华同方）CNKI：中国期刊全文、中国博硕士论文全文》系统，收录自1915年以后的学位论文，或者可使用台湾科技政策研究与信息中心的数据库检索系统系统（http://cdnet.stpi.org.tw/db_search/15_monograph.htm）的《中国学位论文全文数据库》（http://www.wanfangdata.com.hk/wf/cddb/cddbft.htm），它提供自1977年以来所收录的学位论文；要特别说明的是，有些数据库必须在其馆内使用或拥有该机构提供之账号密码，才可开启远程联机服务。

另外，像DIALOG（http://www.dialog.com/）是目前世界上最大的国际联机数据检索系统，储存的文献型和非文献型纪录3亿3千万篇以上，占全球各检索系统数据库文献总量的一半以上，范围包括综合性学科、自然科学、应用科学、工艺学、社会科学和人文科学、商业经济和时事报道等，但需付费加入成为会员，才能使用。

网络世界无远弗届，但善用网络，远在天边的数据，即信手可得，对从事资料搜集的工作，的确可发挥事半功倍之效。

第三节　编列书目卡片注意事项

在搜集书目的过程中，应随时将所搜集到的每一项书目逐一记下。在制作书目时，应注意以下几点：

第一，每一本书，每一资料应分别单独记在卡片上。通常是记在3厘米×5厘米的小卡片纸上，一书一卡，一文一卡，以便日后陆续分类排列。

第二，抄录图书资料时．要把作者、书名、出版地、出版商及出版时间等一一详细并正确地纪录，因为这是以后写注释及最后书目的参考资料。

第三，对于暂时只能找到简略图书资料者，譬如，只有书名或作者姓名等，可暂时先将手头所有数据输入，以后找到更详细资料时，再加以补充，以免浪费时间。

此外，在每张卡片背后，可顺便纪录图书的号码，以便利以后找书。甚至临时想到的资料、要点等，也可记下，作为该书的"备忘录"。

第四节　书目的格式

资料来源不外两种：书及文章。以下分别列出其不同登录格式，以为读者参考。

在列出之前，必须强调的是，以往有些学者不讲究图书资料，也没有为大家提供论文规则范例，书中常会对某一注释交代不清，因而往往影响其学术价值。在此特别将正中书局出版的《学术论文规范》中介绍之各种登录图书资料基本格式一一列举提供参考。

一位作者

例:蓝乾章:《图书馆经营法》(再版)(台北:学生书局,1971年)。

Tillich, Paul. *Systematic Theology*. 3 vols. Chicago: University of Chicago Press, 1951-1963.

两位作者

(一)同一著作方式

例:张起钧、吴怡:《中国哲学史话》(四版)(台北:著者发行,1970年)。

Houghton, Walter E., and Stange, G. RoberL. *Victorian Poetry and Poetics*. Cambridge: Harvard University Press, 1959.

(二)不同著作方式

例:(清)潘孺初辑、(清)杨守敬编:《楷法溯源》(台北:艺文印书馆,1970年)。

三位作者

例:陈茂榜、吕则仁、宋达:《人力资源发展的新境界》,高阶层企业管理考察团第二团考察报告之四([台北]:[作者自刊],1970年)。

Berelson, Bernard R.; Lazarsfeld, Paul F.; and McPhee, William. *Voting*. Chicago: Universityof Chicago Press, 1954.

三位以上作者

三位以上作者则以第一作者为主,后加"等"字样。

例:姚从吾等编:《第二届亚洲历史学家会议论文集》(台北:三民书局,1963年)。

Pelikan, Jaroslav; Ross, M. G.; Pollard, W. G.; Eisendrath, M. N.; Meeller, C.; and Wittenberg, A. *Religion and the University*. York University Invitation Lecture Series. Toronto: University of Toronto Press, 1964.

笔名及别号

作者以笔名、别号发表作品时,仍用笔名或别号名,并以方括号将查出之作者本名括起来,放在笔名或别号之后。

例:孟瑶[杨宗珍]:《飞燕去来》(再版)(台北:皇冠杂志社,1974年)。

Penrose, Elizabeth Cartright [Mrs. Markham]. *A History of France*. London: John Murray, 1872.

机关、学校为作者

例:图书馆学会:《图画馆标准》(台北:正中书局,1965年)

Special Libraries Association. *Directory of Business and Financial Services*. New York: Special Libraries Association, 1963.

编者为著者

例:图书馆学会出版委员会编:《图书馆学》(台北:学生书

局,1974 年)。

Anderson, J. N. D., ed. *The World's Religions*. London: Inter-Varsity Fellowship. 1950.

注解、笺、序等重要部分之作者

例:沈瀚之:《史学论丛》,刘松培序(台北:正中书局,1963年)。

Hammarskjöld, Dag. *Markings*. Foreword by W. H. Auden. New York: Alfred A. Knopf, 1964.

书中若需强调序或笺之作者的重要性,可把重要部分之作者特别引出。

例:刘松培:作序于《史学论丛》,沈瀚之著(台北:正中书局,1963 年)。

Auden, W. H. Foreword to *Markings*, by Dag Hammarskjöld. New York: Alfred A. Knopf, 1964.

全集中之一部分

例:徐讦:《风萧萧》,见正中书局编:《徐讦全集》(第一册)(台北:正中书局,1966 年)。

Coleridge, Samuel Taylor. *The Complete Works of Samuel Taylor Coleridge*. Edited by W. G. T. Shedd vol. 1: *Aids to Reflection*. New York: Harper & Bros., 1884.

多部头书中之一册,并有统一书名及编者

例:王云五主编:《云五社会科学大辞典》,(十二册)(台北:商务印书馆,1971 年)。第三册:《政治学》,罗志渊编。

Ray, Gordon N., gen. ed. *An Introduction to Literature*. 4 vols. Boston: Houghton Mifflin Co., 1959. vol. 2: *The Nature of Drama*, by Hubert Hefner.

翻译作品之原作者及译者

例:〔德〕赫塞(Herman Hesse)著:《乡愁》,陈晓南译(台北:新潮文库,1976年)。

Lissner, Ivar. *The Living Past*. Translated by J. Maxwell Brownjohn. New York: G. P. Putnam's Sons, 1957.

翻译之书籍,为使读者查证原书,可把原书名括出

例:〔美〕井克(Harold Zink)著:《现代各国政府》[Modern Goverments](台二版),罗志渊译.(台北:"教育部"出版,正中书局印行,1969年)。

Turlejska, Maria. *Rok przed kleska* [The year before the defeat]. Warsaw: Wiedza Powszechna, 1962.

作者与出版者为同一人

例:张东陶编:《中国近代史》(台北:编者印行,1971年)。

作者不详时,以书名开始

例:《北京大学五十周年纪念特刊》,([北平?]:出版者不详,1948年)。

The Lottery. London: J. Watts, [1732].

注:如作者、出版年等系查出的资料,则用方括号括起来,其他则如一般格式。

[Blank, Henry K.] *Art for Its Own Sake*. Chicago: Nonpareil Press, 1910.

一连串书的作者为同一人

例：李其泰：《外交学》（台北：正中书局，1962年）。
————：《国际政治》（台北：正中书局，1963年）。

初版以外的版本

例：施建生：《经济学原理》（五版）（台北：大中国图书公司，1974年）。
Shepherd, William R. *Historical Atlas*. 8th ed. New York: Barnes & Noble. 1956.

丛书之一

例：李恩涵：《曾纪泽的外交》，"中央研究院"近代史研究所专刊⒂（台北："中央研究院"近代史研究所，1966年）。
Clapp, Verner W. *The Future of the Research Library*. Phineas W. Windsor Series in Librarianship, no. 8. Urbana: University of Illinois Press, 1964.

选集中之一篇论文

例：徐传保："书评：先秦国际法之遗迹"，载丘汉平撰，丘宏义、丘宏达同辑：《丘汉平先生法律思想和宪法问题论集》（台北：正中书局，1973年，第186—188页）。
Tillioh, Paul. "Being and Love". In *Moral Principles of Action*. pp. 661-72. Edited by Ruth N. Anshen. New York: Harper & Bros., 1952.

一般工作报告

> 例：中央政治会议秘书处编:《政治总报告》(南京:编者印行,1929 年)。
>
> Postley, John H. *Report on a Study of Behavioral Factors in Information Systems*. Los Angeles: Hughes Dynamics,[1960].
>
> *Report of Committee on Financial Institutions to the President of the United States*. By Walter W. Heller, Chairman. Washington. D. C.: Government Printing Office,1963.

会议议程及纪录

> 例：中国国民党:《第五次全国代表会议议程》(南京:行政院秘书处编印,1935 年)。
>
> Industrial Relations Research Association. *Proceedings of Third Annual Meeting*. Madison, Wis.: n. p.,1951.

年　鉴

1. 政府机构出版品

> 例："交通部交通研究所"编:《交通年鉴》(台北:编者印行,1972 年)。
>
> U. S. Department of Agriculture. *Yearbook of Agriculture*, 1941. Washington, D. C.: Government Printing Office, 1941.

2. 年鉴中的文章

　　例:王炳正:"近七十年来教育记事",载《第五次中国教育年鉴》,第 1088—1104 页。

　　Wilson, G. M. "A Survey of the Social and Business Use of Arithmetic." *Second Report of the Committee on Minimal Essentials in Elementary-School Subjects*, in Sixteenth Yearbook of the National Study of Education, pt. 1. Bloomington, Ⅲ.: Public School Publishing Co., 1917.

学术期刊或一般杂志中的篇名

　　例:张东哲:"研究官书处理问题应有的基本认识",载《教育资料科学月刊》(创刊号)(1970 年 3 月):第 18—23 页。

　　Swanson, Don. "Dialogue with a Catalogue." *Library Quarterly* 34(December 1963):13-25.

　　Tuchman, Barbara W. "If Asia Were Clay in the Hands of the West." *Atlantic*, September 1970, pp. 68-84.

报　　纸

　　例:《联合报》,1976 年 7 月 2 日。

　　　王平陵:"唐诗人的努力",载"中央日报",1945 年 6 月 26 日,第 6 版。

　　　"人类仍未能征服昆虫",载《工商日报》,1976 年 7 月 27 日,第 2 版。

　　　《华侨日报》,1972 年 2 月 2 日社论,"九点计划与十二项原则"。

San Francisco Chronicle, 5 June 1971. "Amazing Amazon Region." New York Times, 12 January 1969, sec. 4, p. Ell.

书　评

林柏评,章君谷著:"吴佩孚传",载《书评书目》第36期,1976年×月,第92页。

DeMott, Benjamin. Review of Briefing for a Descent into Hell, by Doris Lessing. Saturday Review, 13 March 1971, pp. 25-26.

未出版的论文及报告

例:廖修一:"早期华人移民美国与中美护侨交涉",政治大学外交研究所硕士论文(1972年6月)。

Washington, D. C. National Archives. Modern Military Records Division. Record Group 94. Gen. Joseph C. Castner. "Report to the War Department." 17 January 1927.

New Haven, Conn. Yale University. Henry L. Stimson Papers. London. British Museum. Arundel MSS.

Phillips, O. C., Jr., "The Influence of Ovid on Lucan's Bellum Civile." Ph. D. Dissertation, University of Chicago, 1962.

American Institute of Planners, Chicago Chapter. "Regional Shopping Centers Planning Symposium." Chicago, 1942. (Mimeographed.)

Luhn, H. P. "Keyword-in-Context Index for Technical

Literature." Paper presented at the 136th meeting of the American Chemical Society, Atlantic City, N. J., 14 September 1959.

Morristown (Kansas) Children's Home. Minutes of Meetings of the Board of Managers, 1945-55. (Typewritten.)

访 问

例:蒋经国:"答美国合众国际社记者问",1975 年 9 月 17 日。

Nought, John. Primus Realty Company, San Jose, California. Interview, 12 May 1962.

抄本原件

例:秦力山:"东瀛日记",光绪二十五年三月—二十九年十月,抄件,"中央图书馆"藏。

宋教仁:"同盟会初期会员题名记",光绪三十一年九月,抄件,"国史馆"藏。

旧版重刊

例:梁玉绳:《瞥记》,载《大华文史丛书》(第一集)。(钱塘:清同治四年[1845 年]汪大钧刻;据高阳李氏藏汪氏食旧堂丛本影印)(台北:大华印书馆,1968 年)。

Myrdal, Gunnar. *Population: A Problem for Democracy.* Cambrdge: Harvard University Press, 1940; reprint ed., Gloucester, Mass. : Peter Smith, 1956.

平装版

例:台北:学生书局,平装本,1971 年。

Kennan, George F. *American Diplomacy*, 1900-1950. Chicago: University of Chicago Press, 1951; Phoenix Books, 1970.

微影资料

例：谢彬：《民国政府党史》（上海：学术研究会，1926年）；美国华盛顿特区：中国研究资料中心（M9、11，1969年）。

Chu, Godwin C., and Schramm, Wilbur. *Learning from Television: What the Research Says*. Bethesda, Md.: ERIC Document Reproduction Service, ED 014 900, 1967.

第五章
搜集资料，做成笔记

*

第一节 做笔记的技巧

初步参考书目搜集并编列好后，即可开始着手找资料及做笔记的工作。做笔记所应纪录资料的性质与范围，应遵循先前所拟的大纲，找资料的方向亦应随时与大纲配合。尽量发掘能够支持自己论点的资料，切忌离题。

抄录笔记，必须以充分、正确而有用的资料为原则。以下所介绍的 11 种技巧，将有助于达成此原则。

第一，采用规格一致的卡片或卡纸做笔记。一张卡片只可记载一项资料，而每张卡片都必须自成一个单元。长的资料可用几张卡片登录，但亦应自成一单元。卡片具有弹性，可随时视实际需要而增删，便于以后实际撰写论文时的分类与整理。通常海外一般学生都采用 4 厘米×6 厘米大小的卡片做笔记，也有用 3 厘米×5 厘米的卡片的，完全视当事人的习惯而定。如一时无法找到标准的卡片，则仍宜用相同大小卡片纸，以便日后整理归类。

第二，每张卡片上端应注加适当标题，标题可用以指示所记笔记的扼要内容，便于以后分类编排。标题不宜过细，否则无法汇集相关卡片,亦不宜笼统,以致无法表现资料的特色。标题做得好,将来还可据此修正大纲。

第三,做笔记时应随时注意将资料来源的详细书目记下,记录在另一种小型卡片上,即前面所提到的参考书目卡片。换言之,在做笔记时,遇有原来书目资料来源不清楚时,应设法把资料补充完备。

第四,每张卡片均应注明资料来源,以供将来查证并作注释之用。注释的格式请详看第九章。还有一些书名过长的资料,可在书目卡片上编一个代号,记笔记时可将代号记在右下角,作为区分资料来源之用,只需注明页次,而免重复抄记所有书目。不过,使用代号时,应特别注意参考书目卡上所载书目资料(包括书名、作者、出版时地,出版商等)必须齐备,且代号不可混淆弄错。在记卡片时,如能把参考书目放置手边,随时参阅,亦将便利不少。这种代号的次序,并不一定要与将来论文完成时的所列资料次序一致。换言之,现在只是暂时的一个次序,将来仍需按照特定方式,如按作者姓名笔画、出版年份等重新再作编排。重新编号时,应特别注意不要混淆。

第五,一张卡片上只记一项资料,不要在一张卡片上同时记数种不同的论点,因为同一资料来源,可能会在论文中许多地方加以引用或引证,如果一张卡片上同时纪录一个以上的资料,将来要重新抄写时,难免发生遗漏或不便。

同时,即使资料的论点是一致的,也不要在同一张卡片上记载两项不同的资料来源。譬如:在王育三的《美国政府》(台北:台湾商务印书馆,1973年)第四章中讨论美国联邦政体的形成;同时程天放的《美国论》(台北:政治大学出版委员会出版,正中书局发行,1959年)第六章中也讨论到美国三权鼎立的联邦制度,虽然其中有许多需要引用的论点彼此相同,但是仍应用两张或两组不同卡片记载。

第六，每做完一个单元的笔记，就应随时将其归类，以争取时效，免得日后归档时，还需要重新查看其内容。此外，可借此检讨各种主题的资料，在比例上是否相当。

第七，在参考书籍做笔记时，一定要了解，不是所有的书和资料都要花相同时间——细读，培根（Francis Bacon,1561—1626）曾说过，有些书必须慢慢品尝、咀嚼消化，有些书可以囫囵吞枣。因此阅读的速度完全要看资料的重要性，再由当事人根据实际状况作决定，不能同样看待，采平头主义方式处理。

第八，资料的记录必须完备无误。假如资料的记录过于简略，将来可能需要重新查阅原文而耽误时间，特别遇到直接引语时，更须详细校对内容并注明章节页次。

第九，做笔记时，不要只记正面资料，如果发现有相反意见的资料，也要记录。例如：原来论文的重点是在说明一般美国人对政治没有太大兴趣，但是在找资料过程中，偶尔也会发现某些资料却指出美国人在某种场合也会对政治发生兴趣。这种例外情况的资料，不妨也顺手记下，因为在资料整理到某一阶段时，也许会发现原来的论点完全被推翻，再要重新回头去找这些相反意见时，则又须卷土重来，浪费时间。即使这些相反资料稍后并未否定主题，但是本着学术论文的研究精神，也必须以客观态度将这些例外情况予以叙述，使读者有比较正反两边意见的机会。

此外，遇到相同论点的重复资料时，也需要斟酌记下，便于以后引用时有选择的余地。譬如，在搜集有关讨论世界各国或地区人民对外交政策一般都不太感兴趣，而仅关心切身利害的经济问题时，发现某一本书上引用的资料，不但包括美国大城市及各州的实际情况，而且也提出某些小城市的人亦有此情况，我们可顺手记下，将来在写作时，发现大城市的资料相当多，而小城市的资料较少时，则正可派上用场。

第十,做笔记抄录资料要充分而不过分。在刚开始做笔记时,一定会觉得各种资料都很新鲜,几乎每一项都重要,而不免将每项资料毫无遗漏地一一记下,待稍后资料越看越多,就会发现有许多不必要抄录的也抄录下来了,这往往要凭个人的经验体会。如果能尽早找到希望讨论的论点主题的重心,便不会浪费时间去抄一些虽然重要却与论文不相干的素材,这也就是西方人所说:找到研究感(Research Sense)。一般中国同学易犯的毛病,就是希望在一篇小论文中谈许多节外生枝的大道理,虽然有些道理在其他地方也许很适当,但实不宜借题发挥,作不必要的叙述。而研究感往往会告诉你什么时候要适可而止,什么资料应好好去找,怎样建立论文的完整体系,这是需要时间慢慢才会熟能生巧,不是一蹴可及的。

第十一,在看完参考书目中所列资料的总数大约一半时,可以跳到下一步,即"整理笔记,修正大纲",因为如果等到全部都看完之后,再着手修正或更改大纲及观点,反而容易浪费时间。详细情形,在下一章中会再讨论。

总之,完备而正确的笔记是完成一篇杰出论文的成功之钥,在做笔记时,如能多花一点心血去注意以上这些琐碎而不容忽视的细节,会使整套资料完整而井井有条,在实际从事写作的时候,一定可获事半功倍之效。

第二节 做笔记前的三项基本认识

上节说明了抄录笔记的一些基本技巧,而事实上,在抄笔记时,常会发现许多实质上的问题。在一篇论文中,偶尔也需要引用他人的言论,以使整篇论文显得更为有力,但过度引用他人言论而毫无自己的分析与创见,会使整篇论文显得枯燥而缺乏立论,这种情况特别在以往研究中国国学论文中经常可见:孔子如何如何说,孟子如何如何说,历代先圣先贤又如何说,既不分析其论点,也不表示对此问题的具体看法,变成一个大杂烩,这不是现代学术论文应有的做法,一篇合格的论文,本质上应该尽量以自己的话来陈述意见,并且对他人的意见加上自己的评论。以上这个原则听来简单,做来实属不易。

在讨论记笔记的具体方式之前,首先得澄清以下几个问题:

第一,如何区别原始资料和第二手资料。在为写作论文而找资料的过程中,最重要的观念问题是如何区别原始资料和第二手资料。一般来说,原始资料概括有:信函、日记、遗嘱、出版作品的最初版本、调查、测验与访问谈话的原始笔录,以及小说、诗歌、戏剧、短评等,至于手写、印刷自传或文件的复本,有时亦被视为原始资料。第二手资料则通常包括百科全书、各类参考书籍、专门报导、评论以及阐释他人、特别是专家学者和科学家们新发现的书册与文章,或者对某一原始作品所作之检讨、测验、注解等。然而一位作家针对自己的作品,又再发表新的作品或是又获得新的结论,则仍算是原始资料。实际上,在这两者间,并无绝对明显的截然分野。[①]

事实上,就一般大学生的研究报告来说,原始资料可能并不比第二手资料有用,但是真正有价值的论文,不是人云亦云,仍得从根本做起,发现新的研究成果。因此,如何区分第一手资料与第二手资料是必须澄清的根本问题。

同时,在评价这两种资料时,我们必须用判断力来分辨其间的特性与可信性。

(甲)就原始资料来说,我们必须判断资料本身的可信度如何?从材料中归纳出对报告有帮助的结论。

---

① Kate C. Turabian:《大学论文研究报告写作指导》,马凯南译,杨汝舟博士审校(台北:黎明文化事业股份有限公司,1977年),第5页。

(乙)就第二手资料而言,我们必须决定原作者本人是否值得信赖,并且要辨别书中何者为事实,何者是原作者自己引申的见解。

第二,区别事实与见解。任何一篇报告论文或专著的价值,均在于其所依赖证据的正确性,这些证据分成两种形态,即事实与见解。在为写报告而搜集材料的过程中,必须要把这两件事区分清楚。

(甲)事实:事实就是已经发生过或已经做过的事件。这些事件是已存在或已被证明是真实的。譬如说:莎士比亚死于1616年;在南北战争中,李(Robert E. Lee)将军于1865年4月9日在弗吉尼亚阿波麦克斯镇(Appomattox, Virginia)向葛兰特(Ulysses S. Grant)将军投降;地球是圆的,等等。这些事实均为普通常识,不必在报告后面作注释。对于比较特殊的事实,如果作者希望加强读者对其所述之可信度,就必须要有注释说明,因此我们要举出证据,证明在阿波麦克斯镇投降的人数、地球重量的估计数字等。

(乙)见解:见解是一个人或一群人对某一件事实或意见的解释。譬如:目前科学家对到火星的太空飞行之可能性有不同的见解,以往我们亦会接受地球是方的说法。在求证及反求证的过程中,见解应该算是一种"可能的事实"。因此,事后由于实际的火星飞行可能把见解变为事实,麦哲伦(Ferdinand Magellan,1480—1521)的海洋旅行则证明地球是方的见解,是错误的。

因此,在看书记笔记时,往往发现不同作者对同一件事所作的解释会有不同,有时甚至相互矛盾。譬如,某一位专家称鲍奕(Edgar Allan Poe,1809—1849)写过70篇短篇小说,应为美国短篇小说之父,而另外一位则坚持这项荣誉应该给欧文(Washington Irving,1783—1859),因为他写的《瑞伯大梦》

(*Rip Van Winkle*)及《睡谷野史》(*The Legend of Sleepy Hollow*)才是现代短篇小说的发轫。写论文就是要研究这些不同专家的证据。以形成我们自己的见解,在此过程中,并应在注释中说明某些看法是受到谁的影响,而不要掠人之美。

第三,区分取材的方式。 有了以上的了解,我们应该学习何时须改写原作者所说的话,何时应该引录原文。一般来说,在找资料做笔记中,有两种取材办法:就是改写与引录原文。我们应该谨慎记下所需要的资料,并总结浓缩原来在资料中所发现的一些事实。刚开始从事撰写研究报告的学生,往往原封不动地将所看到的资料加以抄录,由于心中所想到的只有原文,而在不知不觉中成为抄袭。过量引用原文,等于重新把别人的文字再写一遍,这不能算是一篇研究报告。因此应尽量避免抄袭而从事改写的工作。只有在下列情况下,才可以抄录原文:

1. 提出某种权威记载,借以作为支持自己论点的证明。
2. 原作者对事理的表达相当透彻、简洁,而且适当、清晰,与其改写,反不如直接引用更为有力。
3. 该引言的表现方式和内容特别有趣。

在引用时,无论字句、标点都应与原文完全一致,尤其应该标明引号及详细出处,否则也会有抄袭之嫌。

总之,在选择资料时,切忌抄录太多原文,必须要有自己的看法与论点,而引证的文句应有内容,而非普通常识。在参考其他人的著作或文章时,必须充分了解作者的思想与看法,融会贯通后,再用自己的方式好好地表达出来。

第三节　笔记资料的方式

前面讨论了找资料记笔记时所应注意的事项,下面我们要

讨论抄录资料的一些基本方式。笔记的方式很多,我们简单地可以归纳出以下几种:

一、直接引证(Direct Quotation or Verbation)

直接引证,指完全抄录原文的字句及标点。在抄录中,必须精确无误。假如原文有误也必须照抄,同时以方括号用[原文误]加以注明。

例一:

"美国北方佬以暴力结束了南方的奴隶制度,而南方的恐怖主义结束了激进的重建活动。劳资双方关系的转变是在经济不景气以及一般人普遍恐惧革命的情况下,经过无数场流血罢工的怒潮后才达成的。而黑人是在一九六〇年代的种族战争中,才获得在国会城市里的许多政治上的利益。"

《美国政治与民意》,第 81 页。

例二:

"It seemed obvious to me that Arthur Miller's concept, expressed in 'Tragedy and the Common Man,' which recognizes the need for tragedy to be concerned with 'the heart and spirit of the average man,' provided enough reason to the contrary to permit me to substantiate an argument for the existence of tragedy in the twentieth century."

二、直接引证全文,当中略加变动

有以下两种情形:

(甲)删节——虽然引用原文,但省略其中几个字、几个句子,甚至几段,此时多用省略号表明。

例一：

"美国人民本来对于政治兴趣就很淡,又加上美国的联邦、州、郡市三级政府都由人民选举,不相隶属,而对于人民日常生活关系最密切的是本郡本市的事务,联邦的措施反在其次,因此,一般人民读报时,大都注意地方新闻,而不甚注意华府的政治消息,对于国际新闻,除非有特殊重大事件发生,否则只看看标题,就满足了。美国的一千七百多家报纸中,百分之九十五是当地 Local 报纸,换句话讲,就是它们的销路,都在某一郡某一市之内,只有百分之五是区域性的报纸,也就是讲,它们的销路不限于一市——这类报都在都市内发行——而可销到全州,甚至邻近各州。……销行最广的是《纽约每日新闻》(*New York Daily News*),这是一家小型报纸,注重照片和黄色新闻,只有三十五年的历史,然而它的销数平常超过二百万份,星期天达到三百五十六万份,几乎是《纽约时报》的三倍,这也可以看出黄色新闻是如何受读者欢迎了。"

《美国政治与民意》,第 133—134 页。

例二：

"Two of the novels of William Faulkner, *The Sound and the Fury* and *Light in August*, have provided⋯a tremendous stimulus for thought."

(乙) 添改——在某种情形下,我们需要在引句中插补几句话来解释、澄清或更正原文,在这种添改情形下,需要将添补的字,用方括号括起来,以表示此为原文所无,切不可使用圆括号,使读者误以为添补字样为原文之一部分。②

例一：

"若触动[《张文襄公全集》中作鼓动；《愚斋存稿》中作惊动]一国，势必群起而攻，大沽覆辙可深鉴也。"

例二：

"Knowing the characteristics of classical tragedy, I could not read these novels[*The Sound and the Fury*, *Light in August*] without an awareness of their basic similarity to the tragic form in spite of the idea that Joseph Wood Krutch expresses to the contrary … concerning the inability of modern writers to create tragedy because of their lack of tragic faith."

例三：

A close reading of the novels of Faulkner will make obvious "their basic similarity to the tragic form" of Greek plays. In fact, "the *best* prose of William Faulkner qualifies him as a modern tragedian" and makes clear "the existence of tragedy in the twentieth century."[Italics mine.]

例四：

"The best prose of William Faulkner qualifies him as a modem tragedian "and with it Hoffman" substantiates[her]argument for the existence of tragedy in the twentieth century."

---

② 详请参见宋楚瑜编著：《学术论文规范》（台北：正中书局，1977年），第80页。

三、摘要(Precis)

第三种方式就是以我们自己的语气重新改写原文,其长度通常相当原文的三分之一。在写摘要时,事实上我们已经开始从事论文的写作,因此特别要注意保持原作者的风格及论点,但不必使用原作者的词句。

例一:

美国著名的选情专家史肯门(Richard M. Scammon)在《美国真正的大多数》(*The Real Majority*)一书中,特别对1968年大选加以研究。他指出,虽然在1968年反越战的最高潮中,国际问题并非是美国选民所最关切的,他们最关切的仍然是如何控制物价的经济问题,如何防止犯罪、美国本身的道德与种族等社会问题。这是相当平实的报道,因为资料显示,从1960年到1968年,美国犯罪率增加106%,到处都有谋杀、强奸、抢劫、放火。这些问题当然是选民切身注意到的问题;另一个就是种族问题,种族问题所带来的社会不安,史肯门在书中曾予以特别强调,同时也有很详细的分析。他认为,越战问题虽然在1968年大选中是一项极为引人注目的问题,也是报道最多的问题,但是美国选民真正关心的,却是与他们切身利害相关的基本社会问题,一般美国民众对外交问题比较缺乏热心。[注]

[注] Richard M. Scammon and Ben J. Wattenberg. *The Real Majority*(New York:Berkeley Medallion Books, 1972), pp. 41, 35-44.

《美国政治与民意》,第97—98页。

例二：

William Faulkner's novels stimulate our thinking. The qualities of traditional tragedy are to be found in his best novels. Krutch believes that today's writers cannot write tragedy because they lack faith in the basic nobility of man, but A. Miller believes that tragedy is concerned with the life and soul of ordinary people. Taking our cue from Miller and using Faulkner's finest work, we can sse that F is a twentieth century tragedian.

四、概略（Summary）

用作者自己的词句，将长的文章或书，作非常简要的叙述，比摘要来得更简单。通常以三言两语表示全书的精华。

例一：

这种现象实不自今日始，亚蒙（Gabriel A. Almond）教授在其名著《美国人民及外交政策》（American People and Foreign Policy）一书中，曾就这个问题详加讨论，他仔细地分析自 1935 年 11 月至 1949 年 10 月间美国民意测验的结果，发现美国民意对国际问题关心的程度与时局的变化虽有起伏，但基本上可以说并不十分关心国际问题。

《美国政治与民意》，第 98 页。

例二：

F. writes trag. Krutch says that trag. is not possible today, but Miller says it is.

五、大纲（Outline）

这种方式是以条例方式分别列举原来文字的重点。

例一：

在法国学者托克维尔的看法中，有三点值得我们注意：其一，是舆论的力量被奉为神明；其二，是美国"大多数"人的意见代表了整个社会的意见；其三，是每个人都有平等参与构成这多数意见的机会。然而，事实上，是否所有的美国人或"大多数"的美国公民都实际参与舆论形成的过程？是否"大多数"的美国公民都热心于影响政策的发展？是否美国"大多数的民众"都关心外交政策的改变呢？本文将就美国目前汗牛充栋的资料中，试图理出一些线索来。

《美国政治与民意》，第 125 页。

六、改写（Paraphrase）

第六种方式是改写，在改写时应特别注意，否则容易变成抄袭。事先要彻底了解全文，再用记忆力，以自己的语言重加叙述，尤其当原文为引经据典，奥秘难解的文字时，更需重新改写，使一般人了解原义。譬如：古经文，除非特殊情况，一般均需要将原文加以澄清说明，这都可以用改写方式来处理。

例一：

去年（1977 年）11 月 18 日，在美国南方霍斯顿市举行了一项规模相当大的"全国妇女大会"，来自全美各州及各托管地的 1742 位代表，共同集会讨论由联邦机构"国际妇女年委员会"所提出的 26 项有关推进女权的"全国行动计划"。这个会议的缘起，应该追溯到 1975 年联合国在墨西哥城举办"国际妇女年"大会后决定，把"国际妇女年"的时间延长为 10 年，并改变名称为"国际妇女年代"。于是美国国会通过一项法案，由当时的福特总统以行政命令设立隶属联邦的"国际妇女年委员会"，专责拟订有关推进女权的"全国行动计划"，并预定于 1977 年举行"全国妇女大会"，议订具体的实施方案。

《美国政治与民意》，第 209 页。

例二：

The fiction of F. is very stimulating. Many of the characteristics of classical tragedy can be found in his novels. In "The Tragic Fallacy," J. W. Krutch says that modern writers cannot write tragedy because they do not have faith in man's nobility, a faith essential to tragedy. A. Miller believes that trag. should deal with the soul and life of the common man and that trag. is therefore possible today. To some, Faulkner's best work shows that he does write tragedy.

七、穿插引句

第七种方式为穿插引句，就是在写文章当中穿插一些资料的直接引句，以加强文章的说服力，特别要注意的是，在正文中，零星地使用引句并与作者解说字眼穿插在一起的时候，所引用的文字，其开始与结尾都需加上引号。

例一：

实际上，美国舆论对其外交政策的影响，比起一般书刊上或者我们想象的要复杂得多，根据我们对美国现实政治的概况了解，在公共舆论与外交政策制定过程中的相互关系，可以概括地从四个不同层次来看：

第一个层次或许可称之为"一般大众"，也就是受一般问题的刺激有所反应的大众，一般大众中包含各种利害关系结合的团体，原则上同时受一般问题与特殊问题的刺激而对外交政策有所反应。

第二个层次是"关心政治的公众"，他们关心注意时事，对外交政策问题具有兴趣，同时在舆论领袖进行外交政策讨论的时候，他们是忠实的听众。

第三个层次或许可称之为舆论领袖，他们对政策发展的来龙去脉了如指掌，形成大众与决策间的桥梁，同时与各种团体保持良好有效的联系。我们可以说，"谁掌握了舆论领袖，也就是掌握了民意"。虽然这与"民主"的理论相违，但却更接近事实。

第四个层次，在舆论领袖中，我们还可以再挑出那些法律或官方的领导阶层，也就是政府官员、国会议员以及公务员。

《美国政治与民意》，第174页。

例二：

"不过也有的知识分子认为，虽然学习西方的文化制度，却不能不重视中国文化的根本，所以康有为历游欧美，即评论'欧美之为美，在其物质之新奇，而非其政俗之尽良善，吾政俗亦有善者过于欧美，但物质不兴，故贫弱日甚耳'。而张之洞更大声疾呼'今欲强中国，存中学，则不得不讲西学，然不先以中学固其根柢，端其识趣，则强者为乱首，弱者为人奴，其祸更烈于不通西学者矣'。这是中国文化对西方冲击的适应的一面，而其有理性反应的一面，就产生了张之洞一派的'中体西用'之主张，在当时的环境和知识来说,张之洞还应该算是有识见的。"

周应龙:《开放的社会与关闭的社会》
（台北：作者自刊,1973 年）,第 116 页。

例三：

A close reading of the novels of Faulkner will make obvious "their basic similarity to the tragic form" of Greek plays. In fact, Faulkner's writing makes clear "the existence of tragedy in the twentieth century."

八、从原文的注释中引述资料来源

在找到的资料原文中,如发现注有资料来源时,可以把资料来源在笔记中直接注明其出处,以表示原文资料来源的权威性,即使有错误,也可以表示此资料来源并非作者本人未予查证,乃是借用他人资料。

例一：

上述这些职位究竟有多少？根据张希哲先生引述美国安得逊教授（William Anderson）的估计：全美国由选举产生的职位大约有 100 万个。[注]

[注] William Anderson. *The Units of Government in the United State* (Chicago: Publication Administration Service. 1936).

《美国政治与民意》,第 177 页。

例二：

Hoffman quotes Arthur Miller, "Tragedy and the Common Man," *The New York Times*, February 27, 1949, Ⅱ, 3, as saying that "tragedy implies more optimism in its author than does comedy."

九、批评(Critical)

在查资料时,可以简略说明我们对该资料之主观看法,并记在笔记卡片之后。这种笔记,对以后重新写作该文时,可帮助我们加深印象,在写论文时,并可一并写出。

例如:

其实对这个问题的讨论,绝不自今日始,远在19世纪即有学者开始注意这个问题。托克维尔(Alexis de Tocqueville, 1800—1885)是法国的著名学者,以评论美国民主政治而名垂不朽。托克维尔在1831年到美国考察旅行,足迹所及遍历七千多里,回国后以其精辟深入的观察,细致的分析,写成《论美国的民主》(Democracy in America)一书,分上下两卷,一百多年来该书屡屡印行,成为研究美国民主政治的经典著作。英国拉斯基教授(Harold Laski)认为,该书是一切以外国人身份论述别国事情的著作中最伟大的。其内容历久而常新,不因时迁岁易、世事沧桑而失其时效。

《美国政治与民意》,第124页。

十、大意或节略(Synopsis or Condensation)

第十种方式是大意或节略,就是对一些视听资料情节的简要说明或会议的结论,最好的范例是电影的说明书或平剧的剧情简介。

例一:《孔雀东南飞》

汉末,庐江小吏焦仲卿娶妻刘兰芝,兰芝聪颖过人,工书画、谙音律,善女红,且奉姑至孝,夫妻恩爱甚笃,焦母专制,爱女嫌媳,借故将兰芝休返娘家,大归之日,夫妻泣别,兰芝自誓不再嫁,仲卿亦期以后会聊慰其心,只因政事繁冗常难相聚,兰芝念仲卿甚苦,又值其兄迫嫁,拟自尽以了残生,适仲卿赶至,夫妻相抱饮泣,势难再谋重圆,因前誓,相抱投江而死。世人共悯之,谋合葬,撰词哀志,名其篇曰:《孔雀东南飞》。世传孔雀东南飞,五里一徘徊,盖喻夫妻别离而有恋恋之意也。

例二:

最近台湾若干位教授在一项座谈会中一致认为,为了适应当前国际情势的变化,除了努力进行台湾各项建设外,并且应该改善"宫廷外交"为"群众外交",改变"官式外交"为"实质外交"。他们表示,"外交宣传"应该从群众着手,向下扎根,广泛地邀请各国或地区政府官员暨民间人士来台湾访问,使他们了解我们在各方面的建设成就。这说明了人民对强化今后的宣传,包括对美宣传工作的重视和期望。

《美国政治与民意》,第 275 页。

此外,在抄录资料时,不论采用以上任何形式,仍应注意以下四件事:

第一,必须正确。摘录内容时,务必忠实,不论是引录原文,或只抄录所需要的部分,或作摘要,我们务须慎重,勿将自己的观点与原文混淆。固然在某种情况下,批评原文或发表自己的感想,不但有用,而且必要,但是仍应用适当的标点符号将原文分开。

第二,必须实用。笔记抄得多.有一大叠卡片,并不就表示研究成绩卓著,必须注意是否实用。

第三，注意完整。这与第二点是相辅相成的，虽然要精简，但不可遗漏与正文主题有关的资料或信息。

第四，注意引证。如果引用原文，应作必要之注释，注释之格式可参看第九章。

总之，资料越丰富，读书卡片做得越完整，越有助于以后写作论文时之便利。虽然学术工作绝不只是卡片的拼凑，尤其有赖智力的发挥，但是好的笔记卡片就如同房子的地基，哪有盖高楼大厦的人敢忽视地基呢？

第六章

整理笔记，修正大纲

*

在搜集资料的过程中，当看过原先开列的书目大约一半资料时，而所记笔记卡片，也按照原定大纲予以分类，这时应注意检查是否还有新的主题需要加入。尤其在研究过程中，由于对所研究题目新知识的增加，对原有问题已深入了解，更需要随时检讨并重估原来的主题。在记笔记的过程中，应该注意将每一张卡片中的中心主题，用词组或简短字句作标题。遇有不太容易明显区分的主题时，可暂置一边，以待全部大纲整理完毕再作整理。譬如，有些笔记可以用在前言或结论中，则可先予标明；又某些暂时无法处理的东西，可用"×"来表示。

当研究过程进行到一半或接近尾声时，所记的卡片均可大致归类，如果发现这些类别与原来大纲不完全一致时，则需将卡片重作整理，其方法很简单，即把不同卡片按其内容、性质分门别类存放。这项工作虽然花时间，不过仍有价值，因为整篇论文的内容完全要靠这些资料作为基础。

在重新修正大纲时，应该注意以下几件事：

(1) 修正后的大纲，不但表示将来论文中讨论这个题目的次序，同时对题目中各不同主题的从属、相互关系，也要说清楚。例如，我们要探讨美国民意中拟定政策的基础，必须从四个不同层次着手，每一层次之间的从属平行关系，都必须在大纲中明显予以区分。

（2）在大纲中，一个主题必须从各个不同角度分析。在分析过程中，才能把问题了解透彻，而这种分析的过程，也就是我们大纲拟定的过程。在一篇论文中最好不要超过三个乃至四或五个以上的主题，因为论文需要"小题大做"——要从不同角度，看一个重要而又深入的小问题，如果论文中主题太多，则易支离破碎。如主题过多，而又实在想写，则不妨从较高层次，或从大的方面重新考虑，重新组合。

（3）在大纲中切忌叙述过详。大纲的本意是指抓住重点，解释从属于上下的关系。枝节的内容细点，应在笔记中注明，而不是在大纲中表现。

（4）修订大纲时，应特别注意全篇各个部分的适当均衡，不宜某一主题叙述过多，而另一主题又叙述过少。虽然不能硬性规定每一主题的篇幅均要相等，但亦不宜太不平衡。如果有此情形，宜将资料重新组合或另起章节。

（5）在大纲中尽量少用无意义的标题。诸如："前言""本言""结语"等仅表示文法上起承转合之字眼，而尽量采用实质语言区分大纲。因为大纲的目的是要把具体的意见由不同层次、不同方向，一点一点地叙述，以提供实质上的指引。同时在大纲和正式论文的文字当中，也应尽量避免用"本章中笔者希望要……""在下章中要……""我最后希望以下面的话作结论……"等无意义的话语。

（6）大纲的主要目的，在于提供写作的方向与指导，因此不必守成不变，要随时视新的状况，加以补充修正。假如发现所搜集的资料在某方面特别多，而这与原来的大纲不相符合时，不妨作适当的修正，或另起炉灶，将整个论文作适当补充及转变研究方向。

（7）检讨大纲中的每一个项目是否已有足够的资料可以开始写作？哪些方面还需补充？哪些方面的观点还不十分清楚，需要继续寻找资料？这是修正大纲的最后准绳，接下来就可以着手写初稿了。

第七章

撰写初稿

*

　　就写作一篇论文报告而言，在花费了许多时间和精力致力于题目的拟定及资料的搜集后，可以说工作已完成一半，但是在它真正完成之前，写初稿却是一件必须着意的工作，因为撰写初稿，可以说是从无到有，从千头万绪到铸造自我思考完成的阶段，这时撰文者所面临的难题是，如何将笔记卡上毫无组织的资料、大纲和思绪加以组合，写成全面有效、长短适宜、结构精密、切题而又有创见，且能表达自己思想的作品。因此，初稿的撰写，需要相当的心智活动才能完成。

　　经过一番资料的收集，此时手边已有相当多的笔记，心理上则感觉到假如再找一本书就可以完成的时候，就已大致到了可以写初稿的时候。以下将写初稿的基本步骤一一提出，以供参考：

　　(1) 查对主题。确定目前是否已有非常明确的主题，以便于整篇论文的发挥，这个主题是全篇思想之所在。全篇论文都是围绕着这个主题，分别从各个不同角度来发挥和引申。

　　(2) 写初稿是根据先前的资料来做的工作，由于这时心目中已有写作大纲，并已经过修正，可以放心加以运用，并随时补充新的灵感，充实其内容，切勿洋洋洒洒跑野马，以致脱离本题，因此要时常回顾是否已经离题，所发表的见解，是否与原先的论点不一致。换言之，对于不同分属的小子题，都要与原先大的主题相一致。

（3）写初稿时，数据的应用，大抵根据原有所记的笔记，如果原有的笔记卡片不能在本篇的主题上有所发挥，也不必将它舍去，因为以后还可在写其他文章时运用。

（4）避免开始时就写前言，要到整篇文章完成后再写，因为在前言中，必须说明全篇的要旨与所研究的方向。同时写作时不必计较文字是否优美，先把重要的思想大要写下，随后再加以润饰。

（5）写作初稿时，如果是用手写，切记只写稿纸的单面，同时行与行之间要保持适当距离，因写初稿常会有增添、减少等修正的情形，有了间隔，才不致壅塞或需要重抄，并避免杂乱不易辨识的现象。

（6）为了简便，采用手写初稿者可以利用先前所作笔记数据，裁剪于初稿上，以节省抄写，但要注意段落之间的连贯性，使独立资料变成生动而流畅的文章。

（7）遇到需要注释者，应随时在文字旁以阿拉伯数字逐次标上号码。注释须紧跟所注正文之后，同时插于正文中的注释，必定要用线条与正文分开，切勿混淆。

（8）已经用过的笔记卡片资料，应在右（左）上角注明，以免重复使用或有所遗漏。

（9）对于大纲中每一部分，都可在写作上视为一独立单元。换言之，从某一阶段来说，它是一个独立的论文，因为我们无法把一篇长文章在一天内一口气完成，必须就每一单元逐步地一点一点去写。

（10）随时注意修正大纲。假如写初稿时，在内容上作了任何修改，必须同时修正大纲，而这个大纲也就是最后论文的蓝图或目次。

（11）写初稿时，每页上应标明号码，假如在页与页之间又增加新的资料，不必重新编号，可另加入插号，例如：第 8 页、第 8—A 页、第 8—B 页……但最后缮写时不可有插页的现象发生，必须从头到尾用连贯号码排列。

(12) 如果采用计算机打字撰写论文，除可参考上述各项提醒之外，特别要注意存盘与备份，以免资料遗失，心血付之一炬，但若同时备份数据，就会做到万无一失。

此外，在写作方式上还有几项要领：

(1) 尽量找一些引人入胜的起头语。为了吸引读者的兴趣和继续阅读下去的愿望，通常每一部分的开始可尽量撰写一些引人入胜的文字，但有时清楚而直接地说明该文目的的开端，反较迂回拼凑成章者为佳。无论如何，论文的开端仍以清晰、直接、正确为原则。

(2) 注意结论。在论文的每一个章节中，应注意提供坚强有力的结论，全篇有总结论，每一章节也应有结论。结论是论文中最需要强调的部分。除了要坚强有力外，并要有征信的资料作为佐证。

(3) 正文要丰富，但切忌冗长。因为条理清楚而又有创作内容的文章，才是论文写作的基本原则，必要时可穿插一些特别资料。例如附录，附录虽非论文的必备部分，却可用来提供给读者一些与内容有关而又不便载于正文里的资料。可以收在附录里的材料包括：放在正文里显得太琐碎繁杂的图表、技术性的附注、收集材料用的程序表、珍贵文件的影印本、冗长的个案研究或者其他附图及数字资料等。此外，还可在本文中适当的地方加上图解，使读者在很短时间内，产生明确而具体的概念，并可将多种复杂的现象作一比较，以提供研究分析及说明之用。但在绘制图表时，不仅资料要正确，而且要作最便于阅览的排列，但切记，非有必要，不要随便附加图表，因其并非文章之装饰。

(4) 注意论文规定的长度，必须依照教授的指定，切勿超过最大限度。论文主要在说理,而非字句的堆砌,并不是越长越好,通常教授对学期论文一般都有字数的规定。初稿是长是短,得视个人习惯而定,一般来说,先为长篇,再作删减,然亦不宜过长,而增加以后整理上的困难。

总之,一篇成功的初稿,需要依赖清晰、完整的笔记和切题的大纲,技巧上再注意掌握以上原则。相信一定能完成一篇详备的初稿,眼见一篇报告呼之欲出,真是一件莫大欣慰之事!

第八章
修正初稿并撰写前言、结论及摘要

*

第一节　修正初稿

论文报告经过资料的收集整理及修正写作大纲之后,便可开始写初稿。初稿可视为一篇文章的蓝图,从这个尚未真正完成的稿子,我们可以继续加以润饰,成为更严谨的正式报告。由于初稿是在资料的归纳与演绎当中,随时运思顺笔所写成的,在此过程中,不一定能够兼顾许多事情,所以在论文提出之前,必须对初稿再作一番修正润饰的工夫。

在修正过程中,应先修正"骨架",后修正内容。换言之,先修正全篇的格局及先后次序,然后再修正文字与细节内容。

修正格局的时候,不必重新抄写,可以把相关的内容重新整理,把需要的部分归在一起,加上适当的联系词,将其连贯起来,但重整时应注意把注释同时搬动,这就是为什么在前面强调注释必须要与正文紧密连在一起的理由,否则一经搬动,头尾分家,就会发生错误。

在修正好格局及先后次序后,就轮到论文的细部修饰,此时应注意文句的修饰和形式的讲究,因为任何一篇论文,即使议论再妙,见解再高,如果在文字上无法通畅表达,结构上无法条理清晰,都不足为人所重。必须使读者在看第一眼之后,有足够的吸引力吸引他再读下去,通常任何文章都是一样,给读者的第一印象是非常重要的,晦涩难懂的文句,如何能引起读者兴趣?自然也降低了文章的身价。

此外,由于初稿是仓促运笔,很可能在用字遣词及标点符号上发生错误,应仔细地多校对几遍。标点符号的正确使用,有助于读者了解文字的意思[①],而正确的文字,可使人不致误会作者的原意。由于不谨慎所造成的瑕疵,对一篇立论精辟的论文来说,实是令人惋惜的事。同时我们还需要注意,分段是否得宜、适当,段与段、句与句之间有无连贯性,以及每段文字内容的多寡,是否有适切的比例等。

一般说来,在文字的修饰过程当中,最好的办法就是"朗诵",看看自己念起来是否通顺,再酌加修订。

由于一篇论文中的许多意思,都是由不同资料来源采集而成,因此其中的起承转合应尽量具有整体性,这多半要看转接词的运用是否得体。

人们的观念、思想常随着时间而有变异,所以文章也需要事后重新过目。通常修正和重写的时间距离初写时间越长,则越能以客观态度有技巧地加以批评与增删。假如时间充裕,则可稍待数日再修正论文的初稿,务必使各个层次的条理分明,让不是这方面专家的读者也能够对论点有清楚的了解。

最后必须注意前后逻辑是否分明,所讨论的各种事情是否彼此相关,同时又不重复,以免令读者感到乏味及无意义。

---

① 有关标点符号的用法,请参见宋楚瑜编著:《学术论文规范》(台北:正中书局,1977年),第3章。

第二节　撰写前言、结论及摘要

初稿修正之后，才能开始着手写前言、结论及摘要。初稿尚未修正之前，由于我们对整篇报告的内容尚未有全盘肯定的构想，此时如仓促下笔，写来必定不得要领，或者挂一漏万，亦难使读者获有明确的概念。

前言中可以包括以下几个要点：

（1）前言中可以指出写本报告的动机、目的及本报告所从事研究的价值。

（2）说明所研究问题的性质，特别是对论文中所讨论的一些特殊名词、概念和专门术语，需加以澄清（例如下定义）和解释。

（3）说明为什么要研究这一个问题以及研究的经过与范围。

（4）告诉读者还有什么人对论文中所讨论问题的其他方面已有研究，同时对其他类似论文也应该加以介绍。

（5）可以用生动的文字，诸如相关的小故事，引出所研究的问题。

（6）简单叙述研究的方法。

在完成前言及结论之后，就是撰写摘要的部分，此部分应是言简意赅地将全篇论文的重要背景、研究方法及动机、研究问题、主要立论及结果加以扼要的介绍说明，也包括重要的参考文献，才能算是一篇好的摘要。使人从简短的陈述中就能掌握全文研究脉络的梗概。除此，学术期刊、学报与学位论文，均需提供论文的关键词，通常系依论文题目内容决定一个至数个不等的关键词，裨益提供日后其他研究者查询使用。

结论是研究报告中最有价值的一环，因为在经过如此煞费周折的研究之后，所想要达到的目的，就是要提供给读者一个研究的总结，因此可以把全部资料提纲挈领叙述一番，作为全文的结束。在结论中,可以简单扼要地分析并评价论文中的要点,必要时可将各项要点一一列举,同时设法强调研究成果的正确性,说明这次研究所根据材料的可靠性,此外也需要谦虚地承认,在某一方面由于材料不充分,恐有未尽周详之处,希望今后能有更丰富的材料再加印证,并指出今后继续研究问题的方向。

  论文写作至此已到达完成的阶段,只需要再作进一步的补充注释,就可以清缮、完稿。

第九章
补充正文中的注释

*

作论文报告与写普通文章不同。由于作论文报告,大部分材料是参考各种书籍和专业、学术期刊等资料而来,因此无论是完全引述他人的资料,或以自己的文字摘要叙述一些事实,以及引用一切不是自己意见的资料时,都必须以注释方式指出所引用资料的来源;除非是一些众所熟知的谚语及亘古不变的真理可以无须注释。因此我们可以将注释的功用简单归纳为以下几点:

(1) 对在正文中所提到的某些特殊事实、论点或引句,陈述它们所根据资料的权威性,使读者明了作者构思之来龙去脉。

(2) 指引读者参考论文中的其他有关部分。

(3) 当作者认为某些资料值得在正文中一提,但又怕会打断读者思路时,可利用简短的注释,对正文所讨论的问题,作一附带的评论、说明和修饰。

(4) 作者在其研究过程中,曾获特定的个人或团体的协助及启发,表示感谢之意。

归纳以上各点,我们可以把注释分成两大类:

(1) 说明资料出处的注释(Reference Footnote)。

(2) 解释内容的注释(Content Footnote),即对正文中所述特殊事实及论点提出进一步之评论或意见。图表、大纲、信件等除非甚为简单,否则不应附在注释里。

注释的数码

正文中之每一注释均应依其顺序编号,中文可以方括号将编号括起来(打印时用小一号字),放在该句之标点符号之前。如[注 1][注 2]……亦可采用如英文置于标点符号之后,于右上方的位置。

> 例:关于汉石碑的数目,说法也各有不同。有人认为是40,也有人认为是46或48[注 15]。

若采用方括号注释方式,每一编号应紧随着所要注释的一个句子或一段文字之后及标点符号之前;英式注释则置标点符号之后。若是对一段引用的话作注释,此时编号应直接放在引号之后,而非放在被引文字作者名字或另一段介绍引文的文字之后;采英文注释方式亦相同。

注释的编号可于论文之每页中单独计数。换言之,即以页为单元。从[注 1]开始起编号;或以每一章为单元重新编号;亦可以全篇论文为单元从头至尾逐一编号,是目前较为通行的方式。以上三种方式,著者可择一采用,但必须于全篇论文中自始至终遵守,不得跳号或插加副号(如加用注 1 甲)。

关于注释的位置

论文注释体例格式应求一致,按编号次序放在每一页正文之后,每一页所出现之注释编号,应在同一页出现,注释文字可于次页接续出现。

在不影响该论文之学术价值的前提下,注释应以精简为原则,以维持页面的整齐和节省空间。其精简之办法,可依下述方式为之:

如在单独的一段文字中同时提及同一作者之同一作品中的

第九章 补充正文中的注释 095

数个引句,则仅须在最后一个引句之后,附加注释以注明整段中各引句的资料出处。

在同一段文字中,如有若干一连串之人名需分别加以注释,可于最后一个名字之后编号,不必分别就每一个名字逐一编号;而于一个注释之下包含全部的注释资料。

例:

> 误:The means by which the traditional Western with composers have attempted to⋯communicate their audiences has been discussed at length⋯by Eduard Hanslick,[1] Heinrich Schenker,[2] Suzanne Langer,[3] and Leonard Meyer,[4] to name but a few.
>
> 正:The means by which the traditional Western composers have attempted to⋯communicate with their audiences has been discussed at length⋯ by Eduard Hanslick, Heinrich Schenker, Suzanne Langer, and Leonard Meyer, to name but a few.[1]

在以上这个注释之下,全部的注释资料的写法如下:

1. Eduard Hanslick, *The Beautiful in Music*, trans. G. Cohen (New York: Novello, Ewer, 1891); Heinrich Schenker, *Der freie Satz*, trans. and ed. T. H. Kreuger (Ann Arbor: University Microfilms, 1960), pub. no. 60-1558; Suzanne Langer, *Philosophy in a New Key* (New York: Mentor, 1959); Leonard B. Meyer, *Emotion and Meaning in Music* (Chicago: University of Chicago Press, 1956), and *Music, the Arts, and Ideas* (Chicago: University of Chicago Press, 1967).

与正文无直接关系之图表、大纲、信件等,应放在附录中,并以简短之注释提示之。如注释太长、太复杂，亦应以简短之注释先行提示后，再改列为附录。

例：[注1]有关银行及捐款者之详细名单详见附录三。

1. The member banks and their contributions are listed in appendix 3.

假若在方块引文中，原就有一个或一个以上的注释，原则上可省略原有之注释，仅注明方块引文之出处即可。如绝对有必要亦可保留原有之注释，以短线（估五格）分开方块引文与其原有之注释，后者应另起一行，并应注意空格。使之与引文之正文不致混淆，其注释号码依原文，并加一"原"字，如[原注10]。英文情况，举例如下：

例：

They might all have said, along with Bataille himself:

My tension, in a sense, resembles a great welling up of laughter, it is not unlike the burning passions of Sade's heroes, and yet, it is close to that of the martyrs, or of the saints.¹

---

1 "Ma tension ressemble, en un sens, à une folle envie de rire, elle diffère peu des passions dont brûlent les heros de Sade, et pourtant, elle est proche de celle des martyrs ou des saints." *Sur Nietzsche*, p. 12.

若作者对该段方块引文欲加上新的注释，则编号应接续正文中之编号，且注释要置于每页之末或每章之后。

资料出处之注释

凡正文中初次征引一种资料时，必须在注释中备列作者之姓名，作品之名称，其作品之册、卷、页码、出版地、出版日期等全部详细书目资料，此称之为初注；而于此后再征引同一资料时，则可予以简化，如用［见注×］、［见第×章注×］之办法，其简化格式详见后文之讨论。

基本形式

注明书籍资料出处之注释，可于书名页中获得注释资料（总页数除外）。应包括作者姓名、书名、编者、辑者，或译者、序言、引言或前言等之作者，丛书名称取编号、版本、总卷数（1卷以上者适用之）、出版有关事项（包括出版地、出版者、出版日期等）、卷别（若仅征引多卷本出版品中某一卷时适用之）及引用资料所在之页码等。以上各项不适用时，则从略。

例：

¹Paul Tillich, *Systematic Theology*, 3 vols. (Chicago: University of Chicago Press, 1951-63), 1:9.

注明期刊资料出处之注释，可于封面或从文章题目本身获得征引资料。应包括作者姓名、文章名称、期刊名称、卷别及期别、出版日期、页码等资料。以上各项不适用时，则从略。

关于基本形式中所提之各项，现分述于后：

关于作者项

原则上应用作者之全名。若原著作上仅有名而无姓，应尽可能查出补全。

若原著者、译者或编者在书刊中使用笔名，而论文之作者能找出其本名,此时注释中应将其本名括以方括号,置于笔名之后。

  例:彭歌[姚朋]
   H[enry] R[obert]Anderson

有些笔名较本名更为人所熟悉,则用笔名。

  例:杨子[原名杨选堂]
   三毛[原名陈平]
   Anatole France, George Eliot, and Mark Twain

著者采用笔名时,若在书名页上明显写明著者所用之名为笔名,则使用圆括号;若未在书名页上写明而系查证出、或家喻户晓者,则使用方括号。

  例:陈若曦[笔名]
   琼瑶[笔名]
   Helen Delay(pseud).
   Helen Delay[pseud.]
   Elizabeth Cartright Penrose[Mrs. Markham], *A History of France*(London: John Murray, 1872), p. 9.

若书名页上未注明著者,或仅写明著者为"佚名",经查证出之著者姓名应使用方括号。

  例:[罗振玉]
   [Henry K. Blank], *Art for Its Own Sake*(Chicago: Nonpareil Press, 1910), p. 8.

非万不得已不用"佚名"为著者,若实在无法确定著者,则在注释中可于著者项下,写"作者不详"字样,并括以方括号。

倘若一作品有 2 或 3 个作者,则按正常顺序列出所有作者姓名,两个作者之间加顿号,最后并加"合著""合编""合撰"等字样。

例:屈万里、昌彼得合著:《图书版本学要略》

Walter E. Houghton and G. Robert Stange, *Victorian Poetry and Poetics* (Cambridge:Harvard University Press,1959), p. 27.

Bernard R. Berelson, Paul F. Lazarsfeld, and William Mc Phee, *Voting* (Chicago:University of Chicago Press,1954), pp. 93-95.

若是有 3 个以上的作者,则只取书名页上第一个提到的作者,而于后加"等撰""等著""et al."……之字样。

例:谢冰莹等编译:《新译四书读本》(修订四版)(台北:三民书局,1970 年),第 50 页。

Jaroslav Pelikan et al., *Religion and the University*, York University Invitation Lecture Series (Toronto:University of Toronto Press, 1964), p. 109.

作者的头衔应省略之,如:教授、博士等。作者亦可为团体(可能为一机关,或一社团)。

例:国际经济合作发展委员会人力发展小组编:《人力发展研究总报告》(再版)([台北:编者印,1968 年)。

Special Libraries Association, *Directory of Business and Financial Services* (New York:Special Libraries Association,1963), p. 21.

某些作品诸如辑、诗选等,可由编者或辑者代替作者之位置,此时于其名之后加一"编""辑""编著""编订"或"ed."等字样。

例:"中央图书馆"编订
商务印书馆辑
杨守敬编
潘孺初辑
J N. D. Anderson, ed., *The World's Religions* (London: Inter-Varsity Fellowship, 1950), p. 143.

关于书名及文章之题目

抄录一书之全名应以书名页之资料为主;在抄录期刊文章之题目之后应加逗号,并紧接着抄录期刊名称。书名及文章中原有之标点符号,原则上应予保留。

例:"新兴的养蚕事业",载《光华画报》
《农村繁荣的实例——桃园平镇社区》

书名或期刊之名称应用书名号,文章题目使用引号。书名之后用逗号,若紧随着为出版项,则接着用圆括号,并将逗号置于圆括号之后。

例:吕律:《苏俄经济研究》(台北:国际关系研究所,1974年),第163页。
Arthur C. Kirsch. *Dryden's Heroic Drama* (Princeton, N. J.: Princeton University Press, 1964), p. 15.
William W. Crosskey, *Politics and the Constitution in the History of the United States*, 2 vols. (Chicago: University of Chicago Press, 1953), 1:48.

期刊与卷别之间用逗号,卷别若另有日期识别,则出版日期应用圆括号,之后用冒号,接着写页码。

> 例:董作宾:"沁阳玉简",载《大陆杂志》,第 5 卷第 4 期(1955 年):第 107—108 页。
> Samuel M. Thompson, "The Authority of Law," *Ethics*, 75 (October 1964):16-24.

排印出版品中的书名或文章题目,往往为了美观与排版上引人注目,常以字体大小来表示意思上的从属关系,因而省略题目中的标点符号。但是在正文、注释或书目中,则必须补加标点符号,否则文句就不通顺了。尤其是当一书名或文章题目包括有一副标题时,更有此必要。在此情况下,通常可在主从二者之间加一破折号或冒号。

> 例:汪雁秋:《文化交流——出版品国际交换》(第一次图画馆业务会议纪要)(台北:"中央图书馆",1972 年),第 124—186 页。
> *The Early Growth of Logic in the Child: Classification and Seriation.*

关于辑者、编者、译者

若书名页上除作者外尚有辑者、编者或译者之姓名,则于作者及书名之后加"辑""编""译""ed."或"trans."等字样。如原著者未载明,可以译者代作者地位。

> 例:钱存训:"中国对造纸术及印刷术的贡献",马泰来译,载《明报月刊》,第 84 期(1972 年 12 月):第 2—7 页。
> 瑞里:"新权力均势下的中共与美国",甘居正译,载《中

共研究选译》,第 10 期(1975 年 1 月):第 38—56 页。

陈文俊节译:"政治过程的危机",载《宪政思潮》,第 19 期(1972 年 7 月):第 58—68 页。

Edward Chiera, *They Wrote on Clay*, ed. George G. Cameron (Chicago: University of Chicago Press, 1938), p. 42.

Ivar Lissner, *The Living Past*, trans. J. Maxwell Brownjohn (New York: G. P. Putnam's Sons, 1957), p. 58.

作品可能同时有作者、编者、译者,则均需一一注明,如编者与译者为同一人,则可加"编译""编者"等字样。

例: Helmut Thielicke, *Man in God's World*, trans. and ed. John W. Doberstein (New York and Evanston, Ill: Harper & Row, 1963), p. 43.

August von Haxthausen, *Studies on the Interior of Russia*, ed. S. Frederick Starr, trans. Eleanore L. M. Schmidt (Chicago: University of Chicago Press, 1972), p. 47.

若是书名本身即包含有作者之名,则可省略其作者姓名。亦可不省略作者姓名,参照前例列出作者,而后书名,其后再为编者姓名。除非该书或论文所讨论之主题即为编者,则可以编者取代作者之位置。

例:《覃子豪全集》(×册)(台北:覃子豪全集出版委员会,1965 年),第 1 册:第 36 页。或:

覃子豪:《覃子豪全集》(×册)(台北:覃子豪全集出版委员会,1965 年),第 1 册:第 36 页。

The Works of Shakespear Shakespear, ed. Alexander Pope, 6 vols. (London: printed for Jacob Tonson in the Strand, 1723-25), 2:38.

Or:

Shakespear, *The Works of Shakespear*, ed. Alexander Pope,…

Alexander Pope, ed., *The Works of Shakespear*, 6 vols. (London: printed for Jacob Tonson in the Stand, 1723-25), 2:38.

序言、前言或引言作者之名氏 若书名页特别提出序文、前言或引言作者之名氏,则此类名字亦须包括于注释之中。

例:沈瀚之:《史学论丛》,刘松培序(台北:正中书局,1963 年),第 5 页。

W. H. Auden, Foreword to *Markings*, by Dag Hammarskjöld (New York: Alfred A. Knopf, 1964), p. ix.

Dag Hammarskjöld, *Markings*, with a Foreword by. W. H. Auden (New York: Alfred A. Knopf, 1964), p. 38.

丛书之名 有时某些书与小册子在出版之同时即被定名为丛书的一部分(如人人文库、政治大学丛书等),而由出版者与社会事业机构(特别是大学或研究所)、政府机关、学术团体、工商团体等所赞助出版。虽然丛书与定期出版品以及多卷作品具有某些相似之处,但由于出版品的性质不同,三者之间仍有重要的区别,各有各的独特形态。

丛书 丛书是由其赞助者在长期计划之下所出版的一系列出版品。其目的在不时地出版,由不同作者,在一个大范围之下,就特定的主题和目的,所作的书或小册子。许多丛书在出版时即被赋予号码,在征引时应注明丛书之名称,其后亦须注明其丛书编号。丛书名称及其编号均不加书名号或引号。

  例:江炳伦:《政治发展的理论》,人人文库 1843 及 1844(台北:商务印书馆,1973 年),第 7 页。

  Herbert Jacob, *German Administration since Bismarck*: *Central Authority versus Local Autonomy*, Yale Studies in Political Science, vol. 5 (New Haven, Conn.:Yale University Press, 1963), p. 124.

  National Industrial Conference Board, *Research and Development*, Studies in Business Economics, no. 82 (New York: National Industrial Conference Board, 1963), p. 21.

  Maximillian E. Novak, *Defoe and the Nature of Man*, Oxford English Monographs (London: Oxford University Press, 1963), p. 45.

多卷作品 多卷作品出版的卷数,在出版之前事先差不多都已有计划。此种作品系由许多相同主题的作品所组成,所有的卷数可能出自同一作者,而且有相同的书名(如例 1);或者同一作者而书名不同(如例 2);或不同作者而各卷用不同的书名,但全部作品再由一个统一的书名辑集在一起(如例 3)。

  例一:萨孟武:《中国社会政治史》(四册)(台北:三民书局,1976 年),第 2 册:第 42 页。

例二:吕清夫译:《西洋美术全集》,第一册:《原始、古代、中世》;第二册:《文艺复兴、近世》;第三册:《近代、现代民俗》;三册(台北:光复书局,1976 年),第 3 册:第 28 页。

例三:王云五主编:《云五社会科学大辞典》,第一册:《社会学》,龙冠海编;第二册:《统计学》,张果为编;第三册:《政治学》,罗志渊编;第四册:《国际关系》,张彝鼎编;第五册:《经济学》,施建生编;第六册:《法律学》,何孝元编;第七册:《行政学》,张金鉴编;第八册:《教育学》,杨亮功编;第九册:《心理学》,陈雪屏编;第十册:《人类学》,芮逸夫编;第十一册:《地理学》,沙学浚编;第十二册:《历史学》,方豪编;十二册(台北:商务印书馆,1971 年),第 3 册:第 42—48 页。

例四:Paul Tillich, *Systematic Theology*, 3 vols. (Chicago: University of Chicago Press, 1951-63), 2:48.

例五:Gerald E. Bentley, *The Jacobean and Caroline Stage*, vols. 1, 2: *Dramatic Companies and Players*; vols. 3-5: *Plays and Playwrights*; vol. 6: *Theatres*; vol. 7: *Appendixes to Volume 6 and Indexes*; (Oxford: Clarendon Press, 1941-68), 3:28.

例六:Gordon N. Ray, gen. ed. *An Introduction to Literature*, vol. 1: *Reading the Short Story*, by Herbert Barrows; vol. 2: *The Nature of Drama*, by Hubert Hefner; vol. 3: *How Does a Poem Mean?* by John Ciardi; vol. 4: *The Character of Prose*, by Wallace Douglas; 4 vols. (Boston: Houghton Mifflin Co., 1959), 2:47-48.

期刊 期刊是在一定期间内如每日、每周、每月、每季连续出版的刊物,并加编号。通常每一期杂志或刊物中包含不同作者的文章,其格式参见前述之说明。但特刊、增刊、附刊亦应特别注明。

> 例:黄兆洲:"台湾的核能发电计划",载《自立晚报》,1974年10月10日,《自立晚报》创刊27周年特刊,"迈向高度开发的台湾",第10页。
> Elias Folker,"Report on Research in the Capital Markets," *Journal of Finance* 39,supplement(May 1964):15.

版本 所征引的书若非第一版时,须注明版次。此项资料往往印在书名页,但亦可能在版权页(书名页之反面或封底)中可找寻到。除了版次外,尚有特殊版名、再版及平装版等不同版本的区别,均应注明。

版次 旧书重新付印或修订后再付印,通常均有新的版次命名,如新版、新修正版、第×版、修正版、修正×版、×版、增修版……均应注明,以资识别。

> 例:施建生:《经济学原理》,五版(台北:大中国图书公司,1974年),第12页。
> Charles E. Merriam, *New Aspects of Politics*, 3d ed., enl., with a Foreword by Barry D. Karl(Chicago: University of Chicago Press,1972), p.46.
> John Wight Duff, *A Literary History of Rome from the Origins to the Close of the Golden Age*. 3d ed., edited by A. M. Duff(New York:Barnes and Noble,1964), p.86.

再版 绝版书重印即成为再版书,在注释及书目中均应注明重印资料,并应载明原版的出版日期及出版者。

例:梁玉绳:《瞥记》,载《大华文史丛书》(第一集)汪大钧刻(钱塘:清同治四年[1845]);据高阳李氏藏汪氏食旧堂丛书本影印(台北:大华印书馆,1968年),第9页。

Gunnar Myrdal, *Population: A Problem for Democracy* (Cambridge: Harvard University Press, 1940; reprint ed., Gloucester, Mass.: Peter Smith, 1956), p. 9.

平装版 如平装版与精装版之内容除封面外完全相同,则不必注明版名,但平装版有时是精装版之节本,所以两者之页数可能不同。因此,在此情况下,平装版的注释书目资料中,须说明此书为平装版,并注明版名、出版者及日期。

例:(台北:学生书局[平装本],1971年),第87页。

George F. Kennan, *American Diplomacy*, 1900-1950 (Chicago: University of Chicago Press, Phoenix Books, 1970), p. 48.

George F. Kennan, *American Diplomacy*, 1900-1950 (Chicago: University of Chicago Press 1951. also in paperback edition by the same publisher: Phoenix Books, 1970), pp. 80-82.

许多通俗古书常为出版商一再翻印,排版字体不一,不同版本之页码自不一致,故应注明版次,以为征引之便。

例:[洪自诚]:《菜根谭》,蘅塘退士译注,青年修养丛书(台南:大东书局,1964年),第5页。

Blaise Pascal, *Pensees and The Provincial Letters*, The Modern Library (New York: Random House, 1941), p. 418.

卷数 征引多部头之书籍,应该包括总卷数。

例:李约瑟:《中国之科学与文明》,陈立夫等译,六册(台北:商务印书馆,1976年)。

Paul Tillich, *Systematic Theology*, 3 vols. (Chicago: University of Chicago Press, 1951-63).

出版有关事项

出版有关事项包括出版地、出版者和出版日期。出版事项之排列次序及格式为:出版地、出版者、出版日期。此一格式适用于所有排印的书籍、专著、小册以及任何复印出版的作品。

例:(台北:商务印书馆,1977年)。

(London: Hogarth Press, 1964)

出版地 假若有两个或两个以上的城市名称出现在书中出版者项下,第一个地名应为编辑出版事务所的所在地,故应于出版地项下填选第一个地名。

假若在书名页、版权页中都找不到出版地或出版者,但如能确定其所属,则将出版地或出版者括以方括号。如无出版者,可录印刷厂名。如系作者自资出版,可写"自刊"二字。若实在不能确定,则在出版地或出版者项下,写明"出版地不详"或"出版者不详",或"出版地及出版者均不详"字样。

例:洪迈:《法学提要》(台北:中华书局,1972年)。

John G. Barrow. *A Bibliography of Bibliographies in*

Religion(Austin, Tex.：By the Author, 716 Brown Bldg., 1955), p. 25.〔Street address not always given.〕

假若书名页中指示出该书系由两个出版者所共同出版的,则此两个出版者之名称均应注明。

例:罗素:《罗素回忆录》,林衡哲译(台北:志文出版社及真善美出版社,1967年)。或罗素:《罗素回忆录》,林衡哲译(台北:志文出版社;高雄:华明书局,1967年)。

(New York：Alfred A. Knopf and Viking Press, 1966)

(Boston：Ginn & Co., 1964; Montreal：Round Press, 1964)

若书名页载明某书由一出版商的附属公司所刊行,则两个名称皆要注明。

(Cambridge：Harvard University Press, Belknap Press, 1965)

若某书系某一机关或社团委托某出版商所出版,且两者的名称同时出现于书名页上,则两者均应注明。

例:(台北:政治大学委托正中书局出版,1976年)。

(New York：Columbia University Press for the American Geographical Society, 1947)

应据实纪录书名页上的出版商之名称,不得因该出版商已改名,而在征引该公司使用旧名称时代所出版书籍时,自行使用新名称。

出版日期 出版日期以该书所载最近一版出版之日期为

准,如系同一版一再印刷,不应称之为版,而应称之为"第一刷"或"第二刷"……其出版日期以该版第一刷之日期为准。假若出版日期非由书名页、版权页中找出,则应加一方括号,例如当出版日期系由图书馆之卡片中寻获时,应将此日期括以方括号。如出版时间无从查考,可用序跋时间,如:××年序。

例:(New York: Grosset & Dunlap. n. d.)
　　(New York: Grosset & Dunlap, [1931])

第一次提到一多部头的书籍时,应包括该书之总卷数和出版项。假若其中各卷之出版时间不一,则应注明首尾两卷之出版时间,并在其间加一连接线。

例:(台北:正中书局,1964—1966 年)。
　　Paul Tillich, *Systematic Theology*, 3vols. (Chicago: University of Chicago Press, 1951-63), 2:182.
　　Paul Tillich, *Systematic Theology*, 3vols. (Chicago: University of Chicago Press, 1951-63), 2 (1957):182.

一部多卷头的书,若各卷均在同一年内出版,则不需于卷后分别注明出版日期。

例:王云五主编:《云五社会科学大辞典》,十二册(台北:商务印书馆,1971 年)三册:《政治学》,罗志渊编,第5—7 页。
　　Gordon N. Ray, gen. ed., *An Introduction to Literature*, 4 vols. (Boston: Houghton Mifflin Co., 1959), vol. 2: *The Nature of Drama*, by Hubert Hefner, pp. 47-49.

当一部多卷头作品尚未完全出版时,则在开始出版的年份之后加一连接线。

例:(台北:中华书局,1971年—)。

征引期刊通常可省略出版地及出版者,征引当地重要报纸亦省略出版地及出版者,但地方小型报纸应注明出版地以为识别。

例:Jack Fishman,"Un grand homme dans son intimite: Churchill," *Historia* (Paris), no. 220 (November 1964), pp. 684-94.

卷别 征引多卷头的著作,必须注明卷别以及页码,在首次征引时,并需包括出版事项。引用期刊资料时,不论其为周刊、月刊或年刊等,如果此期刊虽分卷分期,但其各卷之页数不分期,而为连贯者,则只注明卷别,再注明出版年月便可;如页数之计算以每一期为一单元,每一期页码各不相连,则须注明卷别及期别以及出版年月日。

例:石乐三:"美俄角逐中之中东和谈前途",载《问题与研究》,第14卷(1975年6月):第774—779页。

李瞻:"'我国'新闻事业之新方向",载《人与社会》,第2卷第4期(1974年10月):第40—46页。

Don Swanson, "Dialogue with a Catalogue," *Library Quarterly* 34 (December 1963):113-25.

若仅以卷数区分之期刊,即只注明卷别。

例:许甦吾:"新加坡中英文报业史话",载《东南亚研究》,第7卷(1971年12月):第79—84页。

若仅以期数区分之期刊,则只注明期别。

例:周弃子:"关于郁达夫的诗",载《中华杂志》,第 92 期(1971 年 3 月):第 39—40 页。

Konrad Lorenz,"The Wisdom of Darwin."*Midway*, no. 22(1965), p. 48.

J. Durbin,"Estimation of Parameters in Time Series Regression Models," *Journal of the Royal Statistical Society*, ser. B. 22(January 1960): 139-53.

一般性的通俗期刊,可省略卷别及期别,只需注明日期,且不用括号。

例:李雨生:"英国教育制度好复杂",载《新闻天地》,1976 年 9 月 4 日,第 11—12 页。

Barbara W. Tuchman,"If Asia Were Clay in the Hands of the West," *Atlantic*, September 1970, pp. 68-84.

日报、周刊及半月刊只需注明日期便可。

例:"从联考谈教育设施应有之变革",载《民众日报》,1973 年 7 月 29 日,第 2 版,社论。

周丹:"威斯康星大学佛教研究计划简介",载《今日世界》,1965 年 7 月 16 日,第 20 页。

Palo Alto(Calif.) *Times*,19 November 1970.

Franklin D. Murphy,"Yardsticks for a New Era," *Saturday Review*, 21 November 1970. pp. 23-25.

对于已预告但尚未出版之作品,其注释方式如下:

例:Marshall Hodgson, *The Venture of Islam* (Chicago: University of Chicago Press, forthcoming).

Robert D. Hume, "Theory of Comedy in the Restoration," *Modern Philology*, forthcoming.

页数 关于单页,仅注明页码即可,如第 6 页。至于连续页数之写法列举如下:

例:3—10
11—20
71—72
100—104;600—613
107—18;1002—3
321—25;415—532
1536—38
1890—1954

标注页数时,宜精确。如第 83—87 页,而不能写"第 83 页以后"或"83ff"。所引期刊中某篇文章,因排版上的原因,在同一期中未能以连号页码连续刊出,因此发生页数分开为两部分的情况,在征引时不能仅注首尾两个页码,如"11—40"页,而应注明两组页码,如"11—22;39—40"页。

如资料来源散见于某一章节,或某一部分中,可用"散见"或"passim"表示。

例:龙冠海:《社会学》(台北:三民书局,1966 年),散见第二章。

——,散见第 20—51 页;第 60 页。

Haxthausen, *Studies on the Interior of Russia*, chap. 9 passim.

Kennan: *American Diplomacy*, pp. 80-85 passim, 92, 105.

数字的写法,凡论及卷、期、章、页、叶(古籍用,即两页)、(剧本中的)幕、景、(诗的)节、行及图表、地图等时。使用之数字如果是中式直排,可用中国汉字数字,以示清晰。西式横排时,可用阿拉伯数字。但原书若以数字以外之标示指示页码,则不在此限,而应从原书之标示,以资识别。

相同来源的资料分注数处

若同一资料来源几度被征引,只需于第一次出现时,详注作者、书名或期刊名、卷期;再度征引时仅需注"同注×,第×章,第×页";或"同注×,页×"便可。

名称的简称

冗长之学术团体及政府机构之名称可以用简称,但在第一次于注释中出现时,亦需注明全名,并需用圆括号说明后面所使用之简称,如"(以下简称'国科会')"。期刊之名称亦可用简称。

例:柴松林:"中国大陆人口政策及中国大陆人口静态动态的现在与未来"。《政治大学学报》(以下简称《政大学报》)第29期(1974年5月):第227—277页。

AHR, *American Historical Review*

NRF, *Nouvelle Revue Francaise*

DNB, *Dictionary of National Biography*

OED, *Oxford English Dictionary*

Christopher Addison, *Four and a Half Years*, 2vols.

(London: Hutchinson & Co., 1934), 1: 35 (hereafter cited as Addison, *Diary*).

在一篇论文中经常引用之书名,也可用简称。

例:《三个台湾土著族血族型亲属制度的比较研究》(以下简称《血亲研究》)

二手资料之引用

若引用之资料系二手资料,必须将一、二手资料同时注明,一般来说,通常采用下述第(1)例之方法,在某种情况下,需要强调二手资料来源,则可采用第(2)例之方法。

例:(1) 董作宾:"中国文字的起源",载《大陆杂志》,第 5 卷第 10 期(1952 年 11 月):第 349 页,转引自钱存训:《中国古代书史》(又名:《书于竹帛》)(香港:香港中文大学,1975 年),第 37 页。

(2) 钱存训:《中国古代书史》(又名:《书于竹帛》)(香港:香港中文大学,1975 年),第 37 页,引自董作宾:"中国文字的起源",载《大陆杂志》,第 5 卷第 10 期(1952 年 11 月),第 349 页。

(1) *Jesuit Relations and Allied Documents*, vol. 59, n. 41, quoted in [or "cited by"] Archer Butler Hulbert, *Portage Paths* (Cleveland: Arthur H. Clark, 1903), p. 181.

(2) Archer Butler Hulbert, *Portage Paths* (Cleveland: Arthur H. Clark, 1903), p. 181, quoting [or "citing"] *Jesuit Relations and Allied Documents*, vol. 59, n. 41.

特殊形式的资料

报纸

参考资料如系引自报纸,注释中应注明报纸之名称、日期、版次或页次,如系特刊,亦需注明。

  例:黄天才:"越战后的日本外交动向",载"中央日报",1973年2月11日,第10版。

  朱朴堂:"论语集注的偏失",载《华侨日报》,1973年12月10日,第六张,第4页。

  李刚:"香港经济的明暗面",载《华侨日报》,1973年6月5日,特刊,第五张,第1页。

  汉客:"减少噪音",载"中央日报",航空版,1972年1月13日,第4版。

  "Amazing Amazon Region," *New York Times*, 12 January 1969, sec. 4, p. E11.

小型的地方报纸如其名称中未含出版地名,则于名称后以圆括号附注出版地,除非大城市,否则亦需注明省名。

  例:《金门日报》
  《民众日报(基隆)》
  《更生日报》(台湾花莲)
  Menlo Park(Calif.)*Recorder*
  Richmond(Ind.)*Palladium*, 18 December 1970, p. 1.
  Times(London) But: *Frankfurter Zeitung*
  Le Monde(Paris)   *Manchester Guardian*

百科全书、类书或字典之引用

引用不常见之中文百科全书或字典时,除写明该书之作者或编者、出版者、版次(第一版除外)及出版日期外,尚须于页数之后写明"见'××'条"或"s. v. 'XX'"字样。

例:卢震京:《图书学大辞典》(台北:商务印书馆,1971 年),第 520 页,见"蝴蝶装"条。
《辞海》,台一版,1956 年,第 3096 页,见"雁塔"条。
李昉等撰:《太平御览》,卷七九六,四夷部,见"丁令"条。
Encyclopaedia Britannica, 11th ed., s. v. "Blake, William," by J. W. Comyns-Carr.
Encyclopedia Americana, 1963 ed., s.v. "Sitting Bull."
Columbia Encyclopedia, 3d ed., s.v. "Cano, Juan Sebastian del."
Webster's Geographical Dictionary, rev. ed. (1964), s. v. "Dominican Republic."

小说

引用古典小说时应注明章、回或部,而不注页数,因为不同之版本有不同之页数。

例:曹雪芹:《红楼梦》,第一回,"甄士隐梦幻识通灵,贾雨村风尘怀闺秀"。
Joseph Conrad, *Heart of Darkness* (New York: Doubleday, Page & Co., 1903), chap. 3.

现代小说则可写页数,但须注明出版商。

例：陈若曦：《尹县长》（台北：远景出版社，1976年），第171—203页。

John Cheever, *Bullett Park* (New York: Alfred A. Knopf, 1969), p. 139.

剧本和长诗

引用现代剧本时，注法与书籍同，唯要注明幕、景，甚至行数。

例：王生善：《春回普照》，人人文库1253（台北：商务印书馆，1969年），第一幕，第二景，第32行。

Louis O. Coxe and Robert Chapman, *Billy Budd* (Princeton: Princeton University Press, 1951), act 1, sc. 2, line 83.

引用古代剧本，应写明原剧中的折或出，而不写幕。

例：（元）关汉卿撰：《关张双赴西蜀梦》，第一折，"英魂"。

Romeo and Juliet 3.2.1-30. or:

Romeo and Juliet. act 3, sc. 2, lines 1-30

Paradise Lost 1. 83-86

or: *Paradise Lost*, bk. 1, lines 83-86

短诗

短诗通常收入某集中，应写明诗名、作者、集子名称，及其出版年份、出版者及节次。

例：蓉子："梦的荒原"，辑于张默、洛夫、痖弦主编：《七十年代诗选》（台北：大业书局，1967年），第三节，第12行。

Francis Thompson. "The Hound of Heaven," in *The Oxford Book of Modern Verse* (New York: Oxford University Press, 1937), stanza 3. lines 11-21.

古书

引用古书之某部分时,注法与一般书本相同,唯必须依所引文献排列的顺序,录其卷别、册别、章别、页别等。若所引文献,仅有一卷一册,则不录卷、册码,仅录页码。又,中国旧刊书籍每页有两面,可在页码后加"前""后"字样以表示之;页若分上下栏者,可在页码上加"上"或"下"字样以为区别。

例:《盛京通志》……卷二,第 12 页前;第 15 页后。
徐干学:"驳曾子固公族议",见姚椿编:《清朝文录》(台北:大新书局,×年),卷一:《论辩论》,第 41 页。
Homer *Odyssey* 9. 266-71.
　　or:
Hom, *Od.* 9. 266-71.
Cicero *De officiis* 2. 133, 140.
Horace *Satires, Epistles and Ars poetica*, Loeb Classical Library, p. 12.
　　H. Musurillo *TAPA* 93 (1926):231.
IG Rom., Ⅲ. 739. 9. 10. 17. [This refers to *Inscriptiones Graecae ad res Romanas Pertinentes*, vol. Ⅲ, document 739, section 9, lines 10 and 17.]
E. Meyer *Kleine Schriften* 1² (Halle, 1924), 382.
Stolz-Schmalz *Lat. Gram.* (rev. Leumann-Hofmann; Munich, 1928). pp. 490-91.

Aristotle *Poetics* 20. 1456 20. 34-35.

POxy. 1485. 〔POxy. = *Oxyrhynchus Papyri*. The number cited is that of the document number; there is no volume number.〕

Irenaeus *Against Heresies* 1. 8. 3.

John of the Cross *Ascent of Mount Carmel*（trans. E. Allison Peers）2. 20. 5.

Beowulf, lines 2401-7.〔When the specific part is named, a comma separates title from reference.〕

征引通俗常见的古代诗、词、歌赋时,在不妨碍文气情形下,应在正文中注明作者及出处,而不另以注释注记。诸如在正文中引用常见之四书章句,可以在正文中直接以圆括号注明出处,而不必再用注释注明出处。如有碍文气,则仍用注释。

例:孔子对"恕"的定义是:"己所不欲,勿施于人。"(《论语·卫灵公》)

征引编年体文字时,应注明所引文字出处之年月甲子并在其后加一"条"字样。如同一甲子日中所记甚多,并应注明其卷页。

例:《清高宗实录》……乾隆五八年正月戊午条。卷一四二一,第 20—21 页。

征引奏议、函牍、电报等文件,无论已刊或未刊,均应注明其发文者、发文日期(电报代字、如漾、沁等)、书档名称、部、册、卷及页码。

例:景淳奏,咸丰九年九月三日,见《四国新档:俄国部》,第 657 页下—658 页上。

《工约》，光绪三十一年十一月二十三日收驻美大臣梁函附件一：节译"一千九百零五年美国阿立根省砵仑埠商会上美总统书"。

外交部档案，1922年10月4日，外交部致驻法、美、英、德、意公使电。

圣经之引用

基督教之新、旧约圣经在正文与脚注中均可用缩写书名，并以数字字母表示章节。在章、节之间加一个冒号。如引用之新旧约中文译本为圣经公会所印发之新旧约全书"合和译本"，则可不必注明版本名，否则应注明。

例：诗篇 103:6—14。
林前 13:1—13。（全名为《哥林多前书》）
Psalm 103:6-14.
1 Cor. 13:1-13(NEB).〔NEB＝New English Bible.〕

电台与电视节目

提及广播电台或电视节目时应加引号，并注明缩写之广播网、电台或电视台名称。如果涉及特别节目时，并应注明年、月、日。如所引电台或电视节目内容对正文的讨论极为重要，则需更进一步注明其来源及资料。

例：华视，"包青天"
警察电台，"安全岛"，1976年7月22日。
KQED，"How Do Your Children Grow?"
KPFA，"At Issue," 22 December 1970.
CBS，"Twentieth Century," 28 October 1962. "I Remember：Dag Hammarskjöl'd，" Walter Cronkite.

微影资料

许多有价值的历史性或时事性资料多被制成微影胶片保存,早期出版的书、杂志、报纸亦被复制成缩影胶片。亦有不少作品以微影胶片的方式出版。无论如何,征引微影出版品应注明最原始的出版事项,并在原出版事项之后再加注微影版本的出版地及出版者等资料。如有需要,并应注明微影胶片之出版编号,其格式仿照一般书刊之规定。对仅以微影方式出版的作品,仿照印刷品格式写明出版地、出版者及出版编号和出版年份。

> 例:谢彬:《民国政府党史》(上海:学术研究会总会 1926 年;美国华盛顿特区:中国研究资料中心,M9、11,1969)。
>
> Godwin C. Chu and Wilbur Schramm. *Learning from Television: What the Research Says* (Bethesda, Md.: ERIC Document Reproduction Service, ED 014 900, 1967).
>
> Paul Tillich. *The Interpretation of History* (New York: Charles Scribner's Sons, 1936; Ann Arbor, Mich.: University Microfilms, OP 2783. n. d.).
>
> U. S., Congress, House, Committee on Interstate and Foreign Commerce, *Passenger Train Service*, Hearings before the Subcommittee on Transportation and Aeronautics on H. R. 17849 and S. 3706, 91st Cong., 2d sess., 1970 (Washington. D. C.: Congressional Information Service, 500 Montgomery Bldg., CIS H501-33, 1970).

手稿汇编及书画

有关手稿及书画的征引至少应注明存放所在地点的城市名称,及保存单位名称、汇编名称或编号,如果征引某特别文献,首先应注明该文献之名称,并附记有关应注明之事项。如果文献有标题,则应加引号;如果仅有一般性的名称,如日记、信件、电报、回忆录、书画稿等.则不用书名或引号。

例:Gen Joseph C. Castner, "Report to the War Department, 17 January 1927", Modern Military Records Division, Record Group 94, National Archives. Washington, D. C.

Washington, D. C., National Archives, Modern Military Reccords Division, Reord Group 94.

Stanley K. Hornbeck, Memorandum on Clarence Gauss, 8 May 1942, Hornbeck Papers, File "Gauss", Hoover Library, Stanford, California.

Frank Vanderlip to Robert Lansing, 2 September 1915, Frank Vanderlip Papers, Columbia University Library, New York.

各种未刊及资料之征引

由于各种原稿资料之类别不同,征引时需以不同的格式来表示。如果被征引之资料有标题,则标题应加引号,并置于作者或赞助机关名称之后。如果是描述性的名称,则不必加引号。随着资料名称之后,应尽可能注明征引之资料在整个资料中之所在,如在第×页,以便于读者寻找所征引资料之出处。

例:顾维钧,私函

孙科,×年×月×日致×××函

"行政院"第×次院会纪录,×年×月×日。

蒋经国,"矢勤矢勇,毋怠毋忽",1975年9月23日对"立法院"施政报告口头补充部分。

黄尔璇,"日本行政发展之研究(1868—1968年)"(上册)(政治大学文学研究所博士论文,1974年7月),第23页。

虞亦言,"政坛忆旧录",未刊私人传记,1934年,第5—12页。

John Blank, personal letter.

Alan Cranston, California State Controller, to Maurice Sexton, Sacramento, 22 October 1962, Personal Files of Maurice Sexton, Modesto, California.

Morristown (Kansas) Orphan's Home. Minutes of Meetings of the Board of Managers, Meeting of 6 May 1930.

Sidney E. Mead. "Some Eternal Greatness", sermon preached at the Rockefeller Chapel, University of Chicago, 31 July 1960.

O. C. Phillips, Jr., "The Influence of Ovid on Lucan's *Bellum civile*"(Ph. D. Dissertation, University of Chicago, 1962), p. 14.

访问纪录

征引访问纪录时应包括被访问人之姓名或团体名称、时间及地点。

例:张群,答美国合众国际社记者问,1975年9月17日。

A. A. Wyler, interview held during meeting of the American Astronomical Society, Pasadena, California, June 1964.

Farmers' State Bank, Barrett, Nebraska, interviews with a selected list of depositors, August 1960.

引用法律

征引法律文件的形式异于征引其他文件,注释首要以精确为原则。

例:参见"铁路法"第61条、"土地法"第236条、"警械使用条例"第9条。

如《中华人民共和国义务教育法》第6条第1款规定:"国务院和县级以上地方人民政府应当合理配置教育资源,促进义务教育均衡发展,改善薄弱学校的办学条件,并采取措施,保障农村地区、民族地区实施义务教育,保障家庭经济困难的和残疾的适龄儿童、少年接受义务教育。"

《中华人民共和国教育法》第18条第2款规定:"各级人民政府采取各种措施保障适龄儿童、少年就学。"

King v. Order of United Commercial Travellers, 333 U. S. 153, 68 Sup. Ct. 488, 92 L. Ed. 608(1948).

Collector v. Day, 11 Wall. (U. S.), 113(1870).

Ex parte Mahone, 30 Ala. 49(1847).

How v. State, 9 Mo. 690(1846).

Leary v. Friedenthal, 299 S. W. 2d 563 (Mo. Ct. App. 1957).

Morse v. Kieran, 3 Rawle 325(Pa. 1832).

United States v. Eldridge, 302 F. 2d 463(4th Cir. 1962).

Comber v. Jones, 3 Bos. & Pull. 114, 127 Eng. Rep. 62 (C. P. 1802).

Fyfe v. Garden [1946], 1 All E. R. 366(H. L.).

Lemon v. Lardeur [1947], 2 All E. R. 329(C. A. 1946).

U. S. Const. art. I, sec. 5.

U. S. Const. amend. XIV. sec. 2.

Ill. Const. art. 5, sec. 2.

N. Y. Const. art. 2, sec. 6(1894).

H. R. 11818, 89th Cong. 1st sess, sec. 301(a)(1965).

S. Res. 218, 83d Cong., 2d sess, (1954).

S. Con. Res 21, 83d Cong., 2d sess., 100, Cong. Rec. 2929 (1954).

Clayton Act, 64 Stat. 1125(1950).

Labor Management Relations Act(Taft-Hartley Act), sec. 301 (a). 61 Stat. 156(1947), 29 U. S. C., sec. 185(a) (1952). [References to the *U. S. Code* are always to sections, not pages.]

Act of July 23, 1947, ch. 302, 61 Stat. 413. Corporate Securities Law, Cal. Corp. Code, secs. 25000-26104.

Companies Act, 1948, 19 & 20 George 5, ch. 38.

H. R. Rep. No. 871, 78th Cong., 1st sess. 49(1943).

Federal Trade Comm'n, Report on Utility Corporations, S. Doc. No. 92, 70th Cong., 1st sess., pt. 71A (1935).

100 Cong. Rec. 8820(1954)(remarks of Senator Blank).

[This is a citation to the bound edition of the *Congressional Record*. The daily edition, which is differently paginated, must be indicated by day, month, and year.]

Hearings before the House Banking Committee on the Housing Act of 1949. 81st Cong., lst sess., ser. 9, pt. 4 at 109(1949).

2 Holdsworth, A History of English Law 278(6th ed. 1938).

Young, The Contracting Out of Work 145(Research Ser. No. 1, Queen's University Industrial Centre, 1964).

Black, Law Dictionary 85(4th ed. 1951).[This work is entitled *Black's Law Dictionary*.]

U.S., Comptroller of the Currency, Annual Report, 1935 (1936).[The title of the work is *Annual Report of the Comptroller of the Currency*, 1935.]

Hutcheson, "A Case for Three Judges", 48 Harv. L. Rev. 795(1934).

4 Bentham, "Panopticon", Works 122-124(1893). 2 P-H 1966 Fed. Tax Serv. par. 10182.

再次参考

若所征引之书刊在第一次提及时已注明完整之书目资料，则在紧接着的注释中再行征引时，可用简略的方式，即以"同上"代替，英文资料以"Ibid."代替。

紧接之注释中，所征引之书刊相同，只是页数不一时，则需加页数。

例：[注1]刘英柏：《校勘应用学》（台北：中国文化学院印刷

系,1973 年),第 48 页。

[注 2]同上。

[注 3]同上,第 67 页。

¹Max Plowman, *An Introduction to the Study of Blake* (London: Gollancz, 1952), p. 32.

〔A first, and therefore complete, reference to the work.〕

²Ibid.

〔With no intervening reference, a second mention of the same page of Plowman's work requires only "ibid." Notice that "ibid." is not underlined.〕

³Ibid., p. 68.

〔With no intervening reference since the last to Plowman's work, "ibid." is still correct. but here the reference is to a different page.〕

"同上"是包括作者、书名、出版时、地以及页数等之完全相同。作者相同,而征引之书不同时,仍应注明全部书目资料,其作者项可以破折号代替,其他书目资料不得简略。

例:[注 1]钱穆:《史学导言》(台北:"中央日报社",1970 年),第 27 页。

错误:

[注 2]同上,《国史大纲》(上海:国立编译馆,1948 年),第 41 页。

正确:

[注 2]——,《国史大纲》(上海:国立编译馆,1948 年),第 41 页。

¹Arthur Waley, *The Analects of Confucius* (London:

George Allen & Unwin, 1938), p. 33.

² Ibid., p. 38.

¹ Arthur Waley, *The Analects of Confucius* (London: George Allen & Unwin, 1938), p. 33.

Wrong:

² Ibid., *Chinese Poems* (London: George. Allen & Unwin, 1946), p. 51.

¹ Arthur Waley, *The Analects of Confucius* (London: Geroge Alien & Unwin. 1938), p. 33.

Right:

² Idem, *Chinese Poems* (London: George Allen and Unwin, 1946), p. 51.

[Repetition of the author's name would be equally correct; but, again, consistency is necessary. Note that "idem" is a complete word, not an abbreviation, and is therefore not followed by a period.]

如果在注释中接连两个所征引之资料在相隔甚多页的不同页码上,则第二个注释最好不用"同上",而写书名的简称,以便更为清楚,即使两个注释之间无其他资料阻隔亦同。

征引中的书刊简称

在注释中所征引的资料,如在第一次征引时已注明完整的书目资料,倘在同一论文中再度被征引时(非紧接着),则有甲、乙两种方法处理。

方法甲 仅用作者的姓名及所征引书刊资料名称的简称。

在方法甲中,如所征引为书籍,第二次征引同一书时,可省去出版项、丛书名称、版次及册数的全部。

  例：[注1]钱穆：《国史大纲》（二册）（上海：国立编译馆，1948年），第1册：第47页。
  [注9]钱穆：《国史大纲》，第2册：第49页。
  ¹Gabriel Marcel, *The Mystery of Being*, 2 vols. (Chicago：Henry Segnery Co., 1960), 1：42.
  ⁹Marcel, *Mystery of Being*, 2：98-99.

如果是一多部头书，有一总名称，而每一部书又另外有一单独书名，则表示方式如下：

  例：[注2]娄子匡编纂：《中国民俗志》第11册：《处州府志》，黄平重修（台北：东方文化供应社，1970年），第78页。
  [注8]黄平：《处州府志》，第181页。
  ²Albert C. Baugh, ed., *A Literary History of England*, vol. 2：*The Renaissance* 1500-1660 by Tucker Brooke（New York：Appleton Century-Crofts, 1948), p. 104.
  ⁸Brooke, *Renaissance*, p. 130.

在方法甲，中如所征引为期刊中的一篇文章、一本书内的一章，或文选内的一篇文章、一篇诗等，当再次被征引时，均可省去期刊、书或文选的名称及册数、年代，只需作者之姓名及所引资料名称的简称及页次。

方法甲的举例：

  [注1]邬昆如：《存在主义论文集》（台北：先知出版社，1975年），第87页。

［注 2］——,《西洋哲学史》(台北:正中书局,1971 年),第 142 页。

［注 3］《评存在主义论文集》,邬昆如:《哲学与文化月刊》,1975 年 4 月 1 日,第 59 页。

［注 4］刘文潭:"表现主义述评",载《中华文化复兴月刊》,(六)(1968 年 5 月):第 88 页。

［注 5］同上。

［注 6］邬昆如:《西哲史》,第 148 页。

［注 7］刘文潭:"表现主义",第 10 页。

1 Max Plowman, *An Introduction to the Study of Blake* (London: Gollancz, 1952), pp. 58-59.

2 Plowman, note in William Blake's *The Marriage of Heaven and Hell*, reproduced in facsimile from an original drawing (London: J. M. Dent & Sons, 1927), pp. ix-xii. [Reference to another work by Plowman the page numbers in small roman numerals are correct, since they are the style of numeral used in that part of the book containing Plowman's note.]

3 Review of *An Introduction to the Study of Blake*, by Max Plowman, *Times Literary Supplement*, 8 June 1952, p. 12. [Reference to a popular magazine, which is identified by date alone.]

4 Elspeth Longacre, "Blake's Conception of the Devil", *Studies in English* 90 (June 1937): 384. [This reference is to a scholarly journal, which is cited by both volume number and date.]

5 Ibid. [The same as the reference immediately preceding.]

⁶Plowman, *Blake*, p. 125. [Reference to the firstnoted work of Plowman, using the shortened title.]

⁷Longacre, "Blake's Devil", p. 381. [Another reference to Miss Longacre's journal article, using the shortened title. Other works having intervened since the complete reference in n. 4, "ibid." cannot be used.]

方法乙 除非会发生混淆,否则仅提作者之姓名并写明页数及册数即可,但若在此之前已提及数本同一作者所写之书时,则在作者姓名之外并应注明书名之简称。若作者是一个机关或公司时,则一定要写书名。

兹列举方法乙的用法如后,俾便与方法甲作一比较:

[注1] 邬昆如:《存在主义论文集》(台北:先知出版社,1975年),第87页。

[注2] ——,《西洋哲学史》(台北:正中书局,1971年),第142页。

[注3]《评存在主义论文集》,邬昆如:《哲学与文化月刊》,1975年4月1日,第59页。

[注4] 刘文潭:"表现主义述评",载《中华文化复兴月刊》,(六)(1968年5月):第88页。

[注5] 同上。

[注6] 邬昆如:《哲学史》,第148页。[按:因作者之书有两本以上被提及,故要写书名。]

[注7] 刘文潭,第10页。[按:作者只有一书被提及,故可不用写书名。]

¹Max Plowman, *An Introduction to the Study of Blake* (London: Gollancz, 1952), pp. 58-59.

² Idem, note in William Blake's *The Marriage of Heaven and Hell*, reproduced in facsimile from an original drawing(London: J. M. Dent & Sons,1927), pp. ix-xii. [Reference to another work by Plowman. Here "idem"is used to repeat the author's name. With no intervening reference, this is permissible note the small roman numerals used for page numbers, necessary in this case because the book itself so numbers its preliminary pages.]

³ Review of *An Introduction to the Study of Blake*, by Max Plowman, *Times Literary Supplement*,8 June 1952, p. 12. [Reference to a popular weekly periodical identified by date alone.]

⁴ Elspeth Longacre,"Blake's Conception of the Devil", *Studies in English* 90 (June 1937): 384-88. [Reference to a scholarly journal identiffed by both volume and date.]

⁵ Ibid. [The same as the reference immediately preceding.]

⁶ Plowman, *Blake*, p. 125. [Since two works by Plowman have already been introduced, the title, here given in shortened form, is necessary.]

⁷ Longacre, p. 381.

[Another reference to Miss Longacre's article. Since only one work by her has been previously mentioned,the name and page number are sufficient under method B.]

书名之简称

通常 2—5 个字的书名不必用简称,若书名太长可以简缩。

例:《中西比较哲学之问题》可简称为:《比较哲学》。
Perspectives in American Catholicism 简称为:
American Catholicism

简缩冗长书名时,以择用全书名内几个主要的字为原则,原书名中有"……字典""……读本""……索引"字样均可省去。

例:《"全国"期刊目录指南》可简缩为《期刊目录》
《满文书籍联合书目》可简缩为《满文书目》
A Guide to Rehabilitation of the Handicapped　　Handicapped
Bibliography of North American Folklore and Folksong　　Folklore and Folksong

有些字典、书目、索引之内容包含不同种类之资料如文学、传记、历史、文学上的论文、特写、教育学会的报告及刊物,此时的简称不能简称其中之一种,最好的方法是只写总括性之字样,如"索引"即可。

简称的举例:

全称	简称
《孔子哲学对于世界可能的贡献》	《孔子哲学》
《西洋哲学思想史》	《思想史》
《物质构造与质形论》	《物质构造》或《质形论》
《西洋神话故事选》	《神话》
"表现主义评述"	"表现主义"

The Rise of the Evangelical Conception of the Ministry in America	*Ministry in America*
Classification and Identification of Handwriting	*Handwriting*
The American Dream of Destiny and Democracy	*American Dream* or：*Destiny and Democracy*
Creation Legends of the Ancient Near East	*Creation Legends*
"Blake's Conception of the Devil"	"Blake's Devil"

原书名中，文字的顺序在简缩时不可颠倒，如《中国远古与太平、印度两洋的帆筏、戈船、方舟和楼船的研究》不可以写成《研究方舟》；*Creation Legends of the Ancient Near East*，不可写成 *Near Eastern Legends*。

通常副标题中的文字不得用来做简称的书名。原则上有副标题的长书名，其主标题即顺理成章地可用为简称。

例：《筏湾：一个排湾族部落的民族学田野调查报告》可简称为《筏湾》。

若简称容易引起混淆，可在第一次引用时，自作一简称并注明，以待后用。

无完整书目资料出版品之征引

中文出版品，包括政府出版品，常有作者项、出版地项、出版者项或出版日期项等短缺之情况。征引时，除尽可能设法求证予以补全外，可依上述中适当格式征录，其缺失项目，可以"不详"字样填补适当位置。

例：陈诚：《八年抗战经济概要》（［南京：出版者不详，1946 年？］）

解释内容的注释

解释内容的注释是将本文中所讨论的论点作进一步的解释及扩充，因此不单是注明资料的来源，更要解释本文。在注明资料的来源时，通常一语带过。至于对所引书名及出版项，究竟应该用完整的或用简略的书目资料，需视以前是否曾引用过而定。若已引用过，则可用简称。

例：［注 7］关于沙特的存在主义哲学，可参见邬昆如：《存在主义》，第 76 页。

［注 8］关于重要外文参考书可参见沈宝环编：《西文参考书指南》（台中：东海大学，1966 年）。

[1] Detailed evidence of the great in crease in the array of goods and services bought as income increases is shown in S. J. Prais and H. S. Houthaker. *The Analysis of Family Budgets* (Cambridge: Cambridge University Press, 1955), table 5, p. 52.

[2] Ernst Cassirer takes important notice of this in *Language and Myth* (pp. 59-62). And offers a searching analysis of man's regard for things on which his power of inspirited action may crucially depend. ［Since the work has already been cited in full form, page reference only is required.］

[3] In 1962 the premium income received by all voluntary

health insurance organizations in the United States was $9.3 billion, while benefits paid out were $7.1 billion. Health the Insurance Institute, *Source Book of Health Insurance Data* (New York: The Institute, 1963) pp. 36,46.

⁴Professor D. T. Suzuki brings this out with great clarity in his discussion of "stopping" and "no-mindedness"; see, e. g., his chapter entitled "Swordsmanship" in *Zen Buddhism and Its Influence on Japanese Culture*. (Kyoto: Eastern Buddhist Society, 1938).

参引注释

作者在引文中为避免重复或提醒读者，偶尔需要指引读者参考论文中其他部分的资料，此时便需要在注释中注明页次或论文中有关注释的号码、段落等。做此等参引时，为更清楚起见，需要写"见前"和"见后"，以表示是在同一篇论文内，而不是在其他书中。

在参引注释中经常会用"见""详见""see"等字眼，"参见"或"cf."则有比较的意思，而不能完全代表"见"的意思。

例：[注3]有关此一问题之详细讨论，可参见第31—35页。
¹For a detailed discussion of this matter see pp. 31-35 below.

网络资料的引注

由于计算机科技时代的来临，已有众多学术性的期刊或学报,除了使用传统的纸本印刷外,也将作品刊登在因特网(Internet)上,以供研究者查寻、阅览及下载。而在论文引用这些数据时,其注释方式与一般纸本数据的写法是大同小异的:包括作者姓名、文章名称、出处、期别、卷别、出版日期等数据,在网络上取得数据同样需详列上述各项;有学者已将网络文献引用写作格式加以探讨整理(可参见 APA、MLA),此处仅列述最常使用的基本格式如下:

作者姓名(出版日期),"篇名(或标题)",资料来源《电子资料库或电子期刊名称》,(期别/卷别),网络路径,检索阅览日期(Retrieved Date)。

例:

(期刊)Franco Modigliani and Merton Miller(June,1958). "The Cost of Capital, Corporation Finance and the Theory of Investment". *The American Economic Review*. Vol. 48,No. 3,Retrieved from http://www.jstor.org/discover/10.2307/1809766?uid=3739216 & uid=2&uid=4&sid=21103549522341(March 18,2014).

(媒体)杜尚泽、李永群(2014年3月24日),"习近平会见美国总统奥巴马",载《人民网》,取自:http://paper.people.com.cn/rmrb/html/2014-03/25/nw.D110000renmrb_20140325_1-01.htm(2014年3月25日)。

(博客或部落格 blog)杨照(2013年8月),"以'文创'精神开发电影",载《杨照部落格》,取自:http://blog.xuite.net/mclee632008/twblog/102817424(2014年3月15日)。

而数据若为 PDF 等类型的档案,并有编码者,则需加注页别;如出现数据来源不完整时,像作者姓名不详,就以文章名称直接替代,无法获知文献上传(出版)日期者,则直接注明无日期或省略,英文用 n. d. 表示,或若数据来源不详,则直接写上路径地址即可。

  例:"中国共产党总书记胡锦涛与亲民党主席宋楚瑜会谈公报",(2005 年 5 月 12 日),载《新华网》,取自:http://big5. xinhuanet. com/gate/big5/news. xinhuanet. com/newscenter/2005-05/12/content_2950862. htm(2014 年 3 月 22 日)。

  邱宏仁(无日期):"解析台商之并购策略与实务",载《台湾外贸协会官网》,取自:http://www. investintaiwan. org. tw/invest/gpa01/c_4. htm(2014 年 3 月 16 日)。

  Madden T. F. (2002). "The Real History of the Crusades". Retrieved from the World Wide Web: http://www. freerepublic. com/focus/f-news/1539361/posts (March 15, 2014).

网络取得的文献数据在引注时,为求严谨,宜特别载明检索阅览日期,此乃不同一般纸本文献,除了上传(出版)日期外,另一就是注明检索日期,但有以下情况者,则可省略:光盘(CD-ROM)数据库、定期出版的电子刊物等。还要提醒的是,由于网页的内容可能会不断修正,有些数据的网址(Address,URL)甚至会有所调整变动,因此写出检索阅览的日期有其必要,以利参佐;而在网络上所取得的数据,最好尽量选择有公信力、具权威的机关团体设置的网站为来源,可以减少数据消失或移除,避免日后无处查寻之憾!

第十章

清缮完稿

*

论文到了完成的时候就要特别注意文字的修饰与形式的讲究。全文应该先用自己的语句写好,再仔细加以润饰。论文中的修辞是一件很重要的事,前面已经说过。至于形式与内容,普通一篇论文,通常可包括三个主要部分[①]:

一、卷头或序文

1. 卷头插图
2. 书名页
3. 空白页
4. 目次
5. 附图一览表
6. 附表一览表
7. 序言或前言
8. 谢辞
9. 简称用语对照表

---

① 详情参见宋楚瑜编著:《学术论文规范》(台北:正中书局,1977年),第一章。

二、正　文

1. 引言
2. 论文主体
3. 跋或后语

三、参考资料

1. 附录
2. 其他参考资料
3. 书目
4. 索引

论文完成后，就要考虑誊清的工作。台湾对于论文和研究报告的誊清方式，并无统一的规定，以往即使是毕业论文，也有用笔写再复印的，也有用油印复印的，现在大多以计算机打字为主，无论采用何种方式，都应注意按照各校或论文指导教授有无特别要求或规定办理。一般说来，普通研究报告，若采手写方式宜用单页（25×10＝250字）稿纸，使用单页稿纸的好处是便于在中途写错时，换纸重抄，节省时间和精力；同时，以250字为单位，在计算时较为方便。至于博士、硕士论文，由于其学术价值较普通研究报告为高，为长期保存计，宜以白纸打字誊清。打字誊清时应注意以下几点：

一、打　字

打字时应注意整齐、留空白等细节问题，以免因打字的疏忽而影响整个著作的完美性。

二、白　纸

打字打印所使用之白纸大小，依台湾地区标准规定为210厘米×297厘米（即 A4），正式论文用纸应采用 60 磅至 80 磅之道林纸。

三、空格与空白

打字时应注意留置空格的规定和字体排列之整齐。每页除了应预留装订线之空白外，从整个版面上看，应在正文的四周留下 1 寸的空白边。此外，每段文字的起首亦应空一格，标点符号亦应占写一格。

四、注释的打法

1. 正文与注释间应有一条 10 个空格长的连续线，以分开正文和注释，每一注释第一行的行首应空一格，而与正文中每一段的行首齐头。此外注释每行的间隔应较正文为密。

2. 当注释过长超出预计，无法为页尾的空间所容纳时，可将注释分割，在后一页打注释的位置接着打完后，再打下一个注释，不必在未打完的部分，加"续下页"字样。

3. 为了版面的美观和避免浪费，一行中可放两个或两个以上完整的短注释，但长注释所剩余的空间，不得用以打短注释。

4. 当论文之一章节结尾的一页正文完成后，尚留有相当多的空白时，则其注释可在画线之后接着打。换言之，空白应留在注释之后，而非正文与注释之间。

5. 当注释中含有一段引文，而引文中又有注释时，则引文的注释可依照一般打注释的格式处理，放在引文之后，引文与其注释之间，亦有一分界线（其长度占 5 格），引文中之注释编号应完全照旧。

五、书　目

在一个书目中，每一项目均应编号；同时书目之编者可随意依书目中作者之姓名笔画、出版年份或性质分类排组再编号。对某一本书或某一篇文章之评注,则应另起一行,低一格开始写。

六、页码编号

整篇论文除书名页后的白纸页外,每一页都应编页数。书名页及半书名页都应各算一页并编号,但不写出来。中式直排,页码写在左下角——自底行往上数第六格的位置,西式横排写在页底之中央位置。数码在两位数以上者,只写数字而省略位数。

七、目次表

论文的目次表,因各种不同论文的文体与所讨论的主题,以及所包括的数量而有所不同。因此,有些目次表只需简单列出章节,而另一些则得包括绪论、附录或书目在内,完全看论文的实际情况而定。所有章节或细目分类的标题,必须与本文中所使用字眼完全一致。

八、主要部分启用新页

论文中每个主要部分,诸如序、目次、插图一览表、每一章的开始、书目、附录等都需另起新页。标题应置于新页首行之中央,在每章的编号与标题之间空一格,如果标题过长,可以用倒金字塔形式,分两行以上打字,但在每行之末端,不得加标点符号。然后在标题之后,空一行开始打正文。

此外,有关论文或报告格式的详细规格,包括引文、表格、标点符号、数字写法等,请参考宋楚瑜编著:《学术论文规范》(台北:正中书局,1977年)。

再者,如有可能,在论文发表之前,至少应请两位专家将论文看一遍,一位是对本学科有研究的专家,请他看内容;另一位是对语文有研究的人,请他看文字。如果经过这两道手续,这篇论文在内容与文字上就更妥帖了。

附录一　图书分类方法

*

目前在两岸图书馆常见的图书分类方法有：
1. 杜威十进位分类法（The Dewey Decimal Classification，简称 DDC）
2. 美国国会图书馆分类法（The Library of Congress Classification，简称 LCC）
3. 中国图书馆分类法（在大陆图书馆通行使用）
4. 中文图书分类法（原赖永祥编中国图书分类法，在台湾图书馆通行使用）

在美国大多数图书馆采用的分类法，不外杜威分类法及国会图书馆分类法。兹简单介绍这四种分类法。

一、杜威氏十进制分类法

杜威分类法系以十进位的数字作为基础。在杜威以前之制作分类表者，都只知以英文字母作为分类标记，直至 1876 年杜威始发明以数字作为图书分类标记。该法是将人类整个知识领域区分为九大类，另外再将一般性知识，譬如各种的百科全书、技术手册、报章杂志等算作第十类，而在排列顺序上，却将第十类排在其他九类前面，以 000 作为这一类的编号，每一大类中又各赋予一百个号码。每一大类再分十个支类，每一支类各赋予十个号码，每一支类下面又再被分成十个小项，以此类推。兹将杜威分类法第 23 版（2011 年 5 月修订）简要题目列举于后：

DEWEY DECIMAL CLASSIFICATION

23th Edition，2011

000 COMPUTER，INFORMATION & GENERAL REFERENCE 电脑资讯及总类

 010 Bibliography 目录学

 020 Library & Information Sciences 图书馆学与资讯科学

 030 General Encyclopedic Works 普通百科全书

 040【Unassigned】未使用或已失效

 050 General Serial Publications 一般期刊出版品

 060 General Organizations & Museum Science 社团、组织和博物馆

 070 News Media，Journalism & Publishing 新闻媒体，新闻学，出版

 080 General Collections 普通丛书

 090 Manuscripts & Rare Books 手稿与珍本

100 PHILOSOPHY & PSYCHOLOGY 哲学及心理学

 110 Metaphysics 形上学

 120 Epistemology，Causation & Humankind 认识论，因果论及人类

 130 Parapsychology，Occultism 超自然现象

 140 Specific Philosophical Schools 特殊哲学学派

 150 Psychology 心理学

 160 Logic 理则学

 170 Ethics 伦理学

 180 Ancient，Medieval，Eastern Philosophy 古代，中古及东

方哲学

190 Modern Western Philosophy 现代西方哲学

200 RELIGION 宗教

210 Philosophy & Theory of Religion 自然神学

220 Bible 圣经

230 Christianity & Christian Theology 基督教理论

240 Christian Moral & Devotional Theology 基督教道德与信仰神学

250 Christian Order & Local Church (基督教)神职与地方教会

260 Social & Ecclesiastical Theology (基督教)社会的与教会的神学

270 History of Christianity & Christian Church 基督教会历史

280 Christian Denominations & Sects 基督教各教派

290 Other Religions 其他宗教

300 SOCIAL SCIENCES 社会科学

310 Collections of General Statistics 统计

320 Political Science 政治学

330 Economics 经济

340 Law 法律

350 Public Administration & Military Science 公共行政和军事科学

360 Social Pathology & Services;Associations 社会病理与社会服务;协会

370 Education 教育

380 Commerce, Communication & Transportation 商学,

通讯及交通

390 Customs, Etiquette & Folklore 风俗、礼仪与民俗学

400 LANGUAGE 语言学

410 Linguistics 语言学

420 English & Old Languages 英语与古英语

430 Germanic Languages; German 日耳曼语; 德语

440 Romance Languages; French 罗曼语言; 法语

450 Italian, Romanian & Related Languages 意大利语、罗马尼亚语及相关语言

460 Spanish & Portuguese Languages 西班牙语与葡萄牙语

470 Italic Languages; Latin 意大利诸语言; 拉丁语

480 Hellenic Languages; Classical Greek 希腊语; 古典希腊语

490 Other Languages 其他语言

500 NATURAL SCIENCES AND MATHEMATICS 自然科学与数学

510 Mathematics 数学

520 Astronomy & Allied Sciences 天文学与有关科学

530 Physics 物理

540 Chemistry & Allied Sciences 化学与有关科学

550 Earth Sciences 地球科学

560 Paleontology; Paleozoology 古生物学; 古动物学

570 Life Sciences; Biology 生命科学; 生物学

580 Plants (Botany) 植物学

590 Animals (Zoology) 动物学

600 TECHNOLOGY 科技
    610 Medicine & Health 医学与健康
    620 Engineering & Allied Operations 工程与相关作业
    630 Agriculture & Related Technologies 农学与相关技术
    640 Home & Family Management 家政与家庭管理
    650 Management & Auxiliary Services 管理科学
    660 Chemical Engineering 化学工程
    670 Manufacturing 制造业
    680 Manufacture for Specific Uses 特殊用途的制造
    690 Buildings 营造

700 THE ARTS; FINE & DECORATIVE ARTS 艺术、美术及装置艺术
    710 Civic & Landscape Art 城市与景观艺术
    720 Architecture 建筑
    730 Plastic Arts;Sculpture 雕塑艺术;雕塑
    740 Drawing & Decorative Arts 描画与装饰艺术
    750 Painting & Paintings 绘画及其作品
    760 Graphic Arts;Pringmaking & Prints 图案艺术;版画及印刷
    770 Photography;Photographs & Computer Art 摄影艺术与作品;电脑艺术
    780 Music 音乐
    790 Recreational & Performaing Arts 游艺

800 LITERATURE & RHETORIC 文学
    810 American Literature in English 美国文学
    820 English & Old English Literatures 英国文学与古英国文学

830 Literatures of Germanic Languages 日耳曼语文学

840 Literatures of Romance Languages 罗曼语言文学

850 Italian, Romanian & Related Literatures 意大利语、罗马尼亚语及相关语系的文学

860 Spanish & Portuguese Literatures 西班牙与葡萄牙文学

870 Italic Literatures; Latin Literatures 意大利文学；拉丁文学

880 Hellenic Literatures; Classical Greek 希腊文学；古希腊文学

890 Literatures of Other Languages 其他语言文学

900 HISTORY & GEOGRAPHY 历史及地理学

910 Geography & Travel 地理与游记

920 Biography, Genealogy, Insignia 传记，系谱，纹章

930 History of Ancient World to CA. 499 古代史

940 History of Europe 欧洲史

950 History of Asia; Far East 亚洲史；远东史

960 History of Africa 非洲史

970 History of North America 北美洲史

980 History of South America 南美洲史

990 History of Other Areas 其他地区史

二、美国国会图书馆分类法

国会图书馆分类法，原为美国国会图书馆中浩瀚藏书实施重新分类而设计出来，后来这种分类法逐渐被许多藏书量多的图书馆所采用。另外由于国会图书馆编完书后，其编目卡也印刷出售，使得许多图书馆往往连书带卡一并采用。

这一分类法是将人类知识领域区分成 21 个大类（Main Group），每一大类赋予一个英文字母，然后再用阿拉伯数字及附加的字母，将每一大类再往下区分为若干支类（Division）及小支类（Subdivision），就像杜威十进位法所使用的方法一样，每一类的细分按照以下七种次序：(1) 总类包括杂志、会社、丛书、辞典等；(2) 哲理；(3) 历史；(4) 概论；(5) 法规；(6) 教与学；(7) 特论。其中第七项是按学理分类，由简而繁，由小而大。以下所列就是以国会图书馆分类法中所编定的大类的名称。

LIBRARY OF CONGRESS CLASSIFICATION

A　GENERAL WORKS 总部

  AC　Collections. Series. Collected Works 总集、丛书、别集

  AE　Encyclopedias 百科全书

  AG　Dictionaries and Other General Reference Works 字典和一般参考书

  AI　Indexes 索引

  AM　Museums. Collectors and Collecting 博物馆、收藏者与收藏品

  AN　Newspapers 报纸

  AP　Periodicals 期刊

  AS　Academies and Learned Societies 学会

  AY　Yearbooks. Almanacs. Directories 年鉴、历书、名录

  AZ　History of Scholarship and Learning. The Humanities 学术史、人文科学

B PHILOSOPHY. PSYCHOLOGY. RELIGION 哲学、心理学、宗教

 B Philosophy (General) 哲学总论
 BC Logic 逻辑
 BD Speculative Philosophy 思辨哲学
 BF Psychology 心理学
 BH Aesthetics 美学
 BJ Ethics 伦理学
 BL Religions. Mythology. Rationalism 宗教、神话、理性主义
 BM Judaism 犹太教
 BP Islam. Bahaism. Theosophy, etc. 伊斯兰教、通神学等
 BQ Buddhism 佛教
 BR Christianity 基督教
 BS The Bible 圣经
 BT Doctrinal Theology 教义学
 BV Practical Theology 实践神学
 BX Christian Denominations 基督教教派

C AUXILIARY SCIENCES OF HISTORY 历史学及相关科学

 C Auxiliary Sciences of History (General) 历史学和相关科学总论
 CB History of Civilization 文明史

CC　Archaeology 考古学

CD　Diplomatics. Archives. Seals 外交学、档案学、印章学

CE　Technical Chronology. Calendar 年表、历书

CJ　Numismatics 古钱学

CN　Inscriptions. Epigraphy 碑铭、金石学

CR　Heraldry 纹章学

CS　Genealogy 系谱学

CT　Biography 传记

D　WORLD HISTORY AND HISTORY OF EUROPE, ASIA, AFRICA, AUSTRALIA, NEW ZEALAND, ETC. 世界史与欧、亚、非、大洋洲等史

D　History (General) 历史总论

DA　Great Britain 英国

DAW Central Europe 中欧

DB　Austria-Liechtenstein-Hungary-Czechoslovakia 奥地利—列支敦士登—匈牙利—捷克

DC　France-Andorra-Monaco 法国—安道尔公国—摩纳哥

DD　Germany 德国

DE　Greco-Roman World 希腊—罗马世界

DF　Greece 希腊

DG　Italy-Malta 意大利—马耳他

DH　Low Countries-Benelux Countries 低地国家—荷比卢

DJ　Netherlands (Holland) 荷兰

DJK　Eastern Europe (General) 东欧总论
DK　Russia. Soviet Union. Former Soviet Republics-Poland 俄罗斯、苏联、前苏联共和国—波兰
DL　Northern Europe. Scandinavia 北欧、斯堪的纳维亚各国
DP　Spain-Portugal 西班牙—葡萄牙
DQ　Switzerland 瑞士
DR　Balkan Peninsula 巴尔干半岛
DS　Asia 亚洲史
DT　Africa 非洲史
DU　Oceania (South Seas) 大洋洲史
DX　Romanies 吉普赛人

E-F　HISTORY OF THE AMERICAS 美洲史

G　GEOGRAPHY. ANTHROPOLOGY. RECREATION 地理、人类学、娱乐

G　Geography (General). Atlases. Maps 地理学总论、地图集、地图
GA　Mathematical Geography. Cartography 数学地理、制图法
GB　Physical Geography 自然地理
GC　Oceanography 海洋论
GE　Environmental Sciences 环境科学
GF　Human Ecology. Anthropogeography 人类生态学、人文地理学
GN　Anthropology 人类学

- GR Folklore 民俗学
- GT Manners and Customs (General) 一般风俗和习惯
- GV Recreation. Leisure 娱乐、休闲

H SOCIAL SCIENCES 社会科学

- H   Social Sciences (General) 社会科学总论
- HA Statistics 统计学
- HB Economic Theory. Demography 经济理论、人口统计学
- HC Economic History and Conditions 经济史和经济状况
- HD Industries. Land Use. Labor 工业、土地使用、劳动经济
- HE Transportation and Communications 运输与通信
- HF Commerce 商业
- HG Finance 金融
- HJ Public Finance 公共财政
- HM Sociology (General) 社会学总论
- HN Social History and Conditions. Social Problems. Social Reform 社会史和社会状况、社会问题、社会改革
- HQ The Family. Marriage. Women 家庭、婚姻、妇女
- HS Societies: Secret, Benevolent, etc. 社会团体、秘密会社、慈善机构等
- HT Communities. Classes. Races 社团、阶级、种族
- HV Social Pathology. Social and Public Welfare. Criminology 社会病理学、社会福利、犯罪学
- HX Socialism. Communism. Anarchism 社会主义、共产主义、无政府主义

J POLITICAL SCIENCE 政治科学

- J   General Legislative and Executive Papers 一般立法和行政公报
- JA   Political Science(General) 政治学总论
- JC   Political Theory 政治理论
- JF   Political Institutions and Public Administration 政治制度和公共行政
- JJ   Political Institutions and Public Administration(North America) 北美政治制度和公共行政
- JK   Political Institutions and Public Administration (United States) 美国政治制度和公共行政
- JL   Political Institutions and Public Administration (Canada, Latin America, etc.) 加拿大、拉丁美洲等政治制度和公共行政
- JN   Political Institutions and Public Administration (Europe) 欧洲政治制度和公共行政
- JQ   Political Institutions and Public Administration (Asia, Africa, Australia, Pacific Area, etc.) 亚洲、非洲、澳洲、大洋洲等政治制度和公共行政
- JS   Local Government. Municipal Government 地方政府、城市政府
- JV   Colonies and Colonization. Emigration and Immigration. International Migration 殖民地与殖民政策、移出与迁入
- JX   International Law, see JZ and KZ 国际法,见 JZ 和 KZ

JZ   International Relations 国际关系

K   LAW 法律

    K   Law in General. Comparative and Uniform Law. Jurisprudence 法律总论、比较法和统一法、法学
    KB   Religious Law in General. Comparative Religious Law. Jurisprudence 宗教法总论、比较宗教法、法学
    KBM   Jewish Law 犹太法
    KBP   Islamic Law 伊斯兰法
    KBR   History of Canon Law 教会法历史
    KBU   Law of the Roman Catholic Church. The Holy See 罗马天主教法、圣经
    KD-KDK United Kingdom and Ireland 英国及爱尔兰
    KDZ   America. North America 美洲、北美洲
    KE   Canada 加拿大
    KF   United States 美国
    KG   Latin America-Mexico and Central America-West Indies. Caribbean area 拉丁美洲—墨西哥和中美洲—西印度群岛、加勒比区
    KH   South America 南美洲
    KJ-KKZ   Europe 欧洲
    KL-KWX Asia and Eurasia, Africa, Pacific Area, and Antarctica 亚洲和欧亚地区、非洲、太平洋地区和南极洲
    KZ   Law of Nations 国家法律

L　EDUCATION 教育

- L　　Education (General) 教育总论
- LA　History of Education 教育史
- LB　Theory and Practice of Education 教育理论与实务
- LC　Special Aspects of Education 教育的特殊方面
- LD　Individual Institutions-United States 教育机构：美国
- LE　Individual Institutions-America（except United States）教育机构：美国以外的美洲国家
- LF　Individual Institutions-Europe 教育机构：欧洲
- LG　Individual Institutions-Asia，Africa，Indian Ocean Islands，Australia，New Zealand，Pacific Islands 教育机构：亚洲、非洲、印度洋岛屿、澳洲、新西兰、太平洋岛屿
- LH　College and School Magazines and Papers 大学与学校杂志和报纸
- LJ　Student Fraternities and Societies，United States 美国学生组织和社团
- LT　Textbooks 教科书

M　MUSIC 音乐

- M　　Music 音乐
- ML　Literature on Music 音乐文献
- MT　Instruction and Study 音乐教学

N　FINE ARTS 美术

    N　　Visual Arts 视觉艺术
    NA　Architecture 建筑
    NB　Sculpture 雕塑
    NC　Drawing. Design. Illustration 绘画、设计、插图
    ND　Painting 绘画
    NE　Print Media 印刷媒体
    NK　Decorative Arts 装饰艺术
    NX　Arts in Genera 艺术总论

P　LANGUAGE AND LITERATURE 语言和文学

    P　　Philology. Linguistics 语言学、文字学
    PA　Greek Language and Literature. Latin Language and Literature 希腊语言与文学、拉丁语言与文学
    PB　Modern Languages. Celtic Languages 现代语言学、凯尔特语言
    PC　Romance Languages 罗曼语言
    PD　Germanic Languages. Scandinavian Languages 日耳曼语言、斯堪的纳维亚语言
    PE　English Language 英语
    PF　West Germanic Languages 西日耳曼语言
    PG　Slavic Languages. Baltic Languages. Albanian Language 斯拉夫语言、波罗地语、阿尔巴尼语
    PH　Uralic Languages. Basque Language 马拉尔语、巴斯克语

PJ　Oriental Languages and Literatures 东方语言及文学

PK　Indo-Iranian Languages and Literatures 印度伊朗语言语文学

PL　Languages and Literatures of Eastern Asia, Africa, Oceania 东亚、非洲和大洋洲语言与文学

PM　Hyperborean, Indian, and Artificial Languages 北极、印地安和人工语言

PN　Literature (General) 文学总论

PQ　French Literature-Italian Literature-Spanish Literature-Portuguese Literature 法语文学—意大利语文学—西班牙语文学—葡萄牙语文学

PR　English Literature 英国文学

PS　American Literature 美国文学

PT　German Literature-Dutch Literature-Flemish Literature since 1830-Afrikaans Literature-Scandinavian Literature-Old Norse Literature: Old Icelandic and Old Norwegian-Modern Icelandic Literature-Faroese Literature-Danish Literature-Norwegian Literature-Swedish Literature 德语文学—荷兰文学—1830 年以来的法兰德斯语文学—南非语文学—斯堪的纳维亚语文学—古挪威语文学—古冰岛语和挪威语—现代冰岛语文学—法罗语文学—丹麦文学—挪威文学—瑞典文学

PZ　Fiction and Juvenile Belles Lettres 小说与青少年文学

Q　SCIENCE 科学

Q　Science (General) 科学总论

QA　Mathematics 数学
QB　Astronomy 天文学
QC　Physics 物理学
QD　Chemistry 化学
QE　Geology 地质学
QH　Natural History-Biology 自然历史—生物学
QK　Botany 植物学
QL　Zoology 动物学
QM　Human Anatomy 人体解剖学
QP　Physiology 生理学
QR　Microbiology 微生物学

R　MEDICINE 医学

R　Medicine (General) 医学总论
RA　Public Aspects of Medicine 公共医学
RB　Pathology 病理学
RC　Internal Medicine 內科医学
RD　Surgery 外科学
RE　Ophthalmology 眼科学
RF　Otorhinolaryngology 耳鼻喉科学
RG　Gynecology and Obstetrics 妇产科学
RJ　Pediatrics 小儿科学
RK　Dentistry 牙科学
RL　Dermatology 皮肤科学
RM　Therapeutics. Pharmacology 治疗术、药理学
RS　Pharmacy and Materia Medica 药学和药物
RT　Nursing 护理学

RV　Botanic, Thomsonian, and Eclectic Medicine 草本药学、汤森氏医学、电子医学
RX　Homeopathy 顺势疗法
RZ　Other Systems of Medicine 其他医学系统

S　AGRICULTURE 农业

　　S　Agriculture (General) 农业总论
　　SB　Plant Culture 植物栽培
　　SD　Forestry 林业
　　SF　Animal Culture 畜牧文化
　　SH　Aquaculture. Fisheries. Angling 水产养殖、渔业、钓鱼
　　SK　Hunting Sports 狩猎运动

T　TECHNOLOGY 工艺

　　T　Technology (General) 工艺总论
　　TA　Engineering (General). Civil Engineering 工程总论、土木工程
　　TC　Hydraulic Engineering. Ocean Engineering 水利工程、海洋工程
　　TD　Environmental Technology. Sanitary Engineering 环境工程、卫生工程
　　TE　Highway Engineering. Roads and Pavements 高速公路、道路和街道工程
　　TF　Railroad Engineering and Operation 铁路工程和营运
　　TG　Bridge Engineering 桥梁工程

TH   Building Construction 营造

TJ   Mechanical Engineering and Machinery 机械工程与设备制造

TK   Electrical Engineering. Electronics. Nuclear Engineering 电机工程、电子、核子工程

TL   Motor Vehicles. Aeronautics. Astronautics 自动车、航空学、太空学

TN   Mining Engineering. Metallurgy 采矿工程、矿冶

TP   Chemical Technology 化学技术

TR   Photography 摄影学

TS   Manufactures 制造

TT   Handicrafts. Arts and Crafts 手工艺

TX   Home Economics 家政

U MILITARY SCIENCE 军事科学

U   Military Science (General) 军事科学总论

UA   Armies：Organization, Distribution, Military Situation 军事：组织、分布、军事状况

UB   Military Administration 军事行政

UC   Maintenance and Transportation 补给和运输

UD   Infantry 步兵

UE   Cavalry. Armor 骑兵、装甲部队

UF   Artillery 炮兵

UG   Military Engineering. Air Forces 军事工程、空军

UH   Other Services 其他勤务

V　NAVAL SCIENCE 海军科学

- V　　Naval Science (General) 海军科学总论
- VA　Navies: Organization, Distribution, Naval Situation 海军:组织、分布、海军状况
- VB　Naval Administration 海军行政
- VC　Naval Maintenance 海军补给
- VD　Naval Seamen 海军水手
- VE　Marines 舰队
- VF　Naval Ordnance 海军军械
- VG　Minor Services of Navies 海军其他勤务
- VK　Navigation. Merchant Marine 航海、商船
- VM　Naval Architecture. Shipbuilding. Marine Engineering 海军建筑、建船、海军工程

Z　BIBLIOGRAPHY. LIBRARY SCIENCE. INFORMATION RESOURCES (GENERAL) 目录学、图书馆学、资讯资源

- Z　　Books (General). Writing. Paleography. Book Industries and Trade. Libraries. Bibliography 图书总论、写作、善本书、图书制造和贩售、图书馆、目录学
- ZA　Information Resources (General) 资讯资源总论

三、中国图书馆分类法

原名《中国图书馆图书分类法》,于 1997 年 1 月 17 日正式更名《中国图书馆分类法》。为目前大陆通行的图书分类法,共分 21 大类,以英文字母排序,2010 年 8 月发行第 5 版,所编列

的名称列举如下：

简表

A　马克思主义、列宁主义、毛泽东思想、邓小平理论

    A1　　马克思、恩格斯著作

    A2　　列宁著作

    A3　　斯大林著作

    A4　　毛泽东著作

    A49　 邓小平著作

    A5　　马克思、恩格斯、列宁、斯大林、毛泽东、邓小平著作汇编

    A7　　马克思、恩格斯、列宁、斯大林、毛泽东、邓小平生平和传记

    A8　　马克思主义、列宁主义、毛泽东思想、邓小平理论的学习和研究

B　哲学、宗教

    B0　　哲学理论

    B1　　世界哲学

    B2　　中国哲学

    B3　　亚洲哲学

    B4　　非洲哲学

    B5　　欧洲哲学

    B6　　大洋洲哲学

    B7　　美洲哲学

    B80　 思维科学

    B81　 逻辑学（论理学）

B82 伦理学(道德学)

B83 美学

B84 心理学

B9 宗教

C 社会科学总论

C0 社会科学理论与方法论

C1 社会科学概况、现状、进展

C2 社会科学机构、团体、会议

C3 社会科学研究方法

C4 社会科学教育与普及

C5 社会科学丛书、文集、连续性出版物

C6 社会科学参考工具书

[C7] 社会科学文献检索工具书

C79 非书资料、视听资讯

C8 统计学

C91 社会学

C92 人口学

C93 管理学

[C94] 系统科学

C95 民族学

C96 人才学

C97 劳动科学

D 政治、法律

D0 政治学、政治理论

D1 国际共产主义运动

D2 中国共产党

	D33/37	各国共产党
	D4	工人、农民、青年、妇女运动与组织
	D5	世界政治
	D6	中国政治
	D73/77	各国政治
	D8	外交、国际关系
	D9	法律

E 军事

	E0	军事理论
	E1	世界军事
	E2	中国军事
	E3/7	各国军事
	E8	战略学、战役学、战术学
	E9	军事技术
	E99	军事地形学、军事地理学

F 经济

	F0	经济学
	F1	世界各国经济概况、经济史、经济地理
	F2	经济管理
	F3	农业经济
	F4	工业经济
	F49	信息产业经济（总论）
	F5	交通运输经济
	F59	旅游经济
	F6	邮电通信经济
	F7	贸易经济

F8　　财政、金融

G　文化、科学、教育、体育

G0　　文化理论
G1　　世界各国文化与文化事业
G2　　信息与知识传播
G3　　科学、科学研究
G4　　教育
G8　　体育

H　语言、文字

H0　　语言学
H1　　汉语
H2　　中国少数民族语言
H3　　常用外国语
H4　　满藏语系
H5　　阿尔泰语系（突厥—蒙古—通古斯语系）
H61　 南亚语系（澳斯特罗—亚细亚语系）
H62　 南印语系（达罗毗荼语系、德拉维达语系）
H63　 南岛语系（马来亚—玻利尼西亚语系）
H64　 东北亚诸语言
H65　 高加索语系（伊比利亚—高加索语系）
H66　 乌拉尔语系（芬兰—乌戈尔语系）
H67　 闪含语系（阿非罗—亚细亚语系）
H7　　印欧语系
H81　 非洲诸语言
H83　 美洲诸语言
H84　 大洋洲诸语言

H9		国际辅助语

I 文学

I0	文学理论
I1	世界文学
I2	中国文学
I3/7	各国文学

J 艺术

J0	艺术理论
J1	世界各国艺术概况
J19	专题艺术与现代边缘艺术
J2	绘画
J29	书法、篆刻
J3	雕塑
J4	摄影艺术
J5	工艺美术
[J59]	建筑艺术
J6	音乐
J7	舞蹈
J8	戏剧、曲艺、杂技艺术
J9	电影、电视艺术

K 历史、地理

K0	史学理论
K1	世界史
K2	中国史
K3	亚洲史

K4 非洲史

K5 欧洲史

K6 大洋洲史

K7 美洲史

K81 传记

K85 文物考古

K89 风俗习惯

K9 地理

N 自然科学总论

N0 自然科学理论与方法论

N1 自然科学概况、现状、进展

N2 自然科学机构、团体、会议

N3 自然科学研究方法

N4 自然科学教育与普及

N5 自然科学丛书、文集、连续性出版物

N6 自然科学参考工具书

[N7] 自然科学文献检索工具

N79 非书资料、视听资料

N8 自然科学调查、考察

N91 自然研究、自然历史

N93 非线性科学

N94 系统科学

[N99] 情报学、情报工作

O 数理科学和化学

O1 数学

O3 力学

	O4	物理学
	O6	化学
	O7	晶体学

P 天文学、地球科学

	P1	天文学
	P2	测绘学
	P3	地球物理学
	P4	大气科学（气象学）
	P5	地质学
	P7	海洋学
	P9	自然地理学

Q 生物科学

	Q1	普通生物学
	Q2	细胞生物学
	Q3	遗传学
	Q4	生理学
	Q5	生物化学
	Q6	生物物理学
	Q7	分子生物学
	Q81	生物工程学（生物技术）
	[Q89]	环境生物学
	Q91	古生物学
	Q93	微生物学
	Q94	植物学
	Q95	动物学
	Q96	昆虫学

Q98　　人类学

R　医药、卫生

R1　　预防医学、卫生学
R2　　中国医学
R3　　基础医学
R4　　临床医学
R5　　内科学
R6　　外科学
R71　　妇产科学
R72　　儿科学
R73　　肿瘤学
R74　　神经病学与精神病学
R75　　皮肤病学与性病学
R76　　耳鼻咽喉科学
R77　　眼科学
R78　　口腔科学
R79　　外国民族医学
R8　　特种医学
R9　　药学

S　农业科学

S1　　农业基础科学
S2　　农业工程
S3　　农学（农艺学）
S4　　植物保护
S5　　农作物
S6　　园艺

　　　　S7　　　　林业

　　　　S8　　　　畜牧、动物医学、狩猎、蚕、蜂

　　　　S9　　　　水产、渔业

T　工业技术

　　　　TB　　　　一般工业技术

　　　　TD　　　　矿业工程

　　　　TE　　　　石油、天然气工业

　　　　TF　　　　冶金工业

　　　　TG　　　　金属学与金属工艺

　　　　TH　　　　机械、仪表工业

　　　　TJ　　　　武器工业

　　　　TK　　　　能源与动力工程

　　　　TL　　　　原子能技术

　　　　TM　　　　电工技术

　　　　TN　　　　电子技术、电信技术

　　　　TP　　　　自动化技术、计算机技术

　　　　TQ　　　　化学工业

　　　　TS　　　　轻工业、手工业、生活服务业

　　　　TU　　　　建筑科学

　　　　TV　　　　水利工程

U　交通运输

　　　　U1　　　　综合运输

　　　　U2　　　　铁路运输

　　　　U4　　　　公路运输

　　　　U6　　　　水路运输

　　　　[U8]　　　航空运输

V　航空、航天

  V1　　航空、航天技术的研究与探索
  V2　　航空
  V4　　航天（宇宙航行）
  ［V7］　航空、航天医学

X　环境科学、安全科学

  X1　　环境科学基础理论
  X2　　社会与环境
  X3　　环境保护管理
  X4　　灾害及其防治
  X5　　环境污染及其防治
  X7　　行业污染、废物处理与综合利用
  X8　　环境质量评价与环境监测
  X9　　安全科学

Z　综合性图书

  Z1　　丛书
  Z2　　百科全书、类书
  Z3　　辞典
  Z4　　论文集、全集、选集、杂著
  Z5　　年鉴、年刊
  Z6　　期刊、连续性出版物
  Z8　　图书目录、文摘、索引

四、中文图书分类法

  原名为中国图书分类法，系由赖永祥先生编订，普及为台湾、香港和澳门地区。于增订八版后，将版权捐赠"中央图书馆"，2007年由该馆完成新版修订（增订九版），并更名为"中文图书分类法"。并将原史地类分为中国史地及世界史地两大类，共计十类。

简表
Outline of the Classification Tables

总类　　　　　　　　　　**Generalities**

000 特藏　　　　　　　　　Special Collections

010 目录学；文献学　　　　Bibliographies; Literacy (Documentation)

020 图书资讯学；档案学　　Library and Information Science; Archive Management

030 国学　　　　　　　　　Sinology

040 普通类书；普通百科全书　General; Encyclopedia

050 连续性出版品；期刊　　Serial Publications; Periodicals

060 普通会社；博物馆学　　General Organization; Museology

070 普通论丛　　　　　　　General Collected Essays

080 普通丛书　　　　　　　General Series

090 群经　　　　　　　　　Collected Chinese Classics

哲学类　　　　　　　　　**Philosophy**

100 哲学总论　　　　　　　Philosophy; General

110 思想；学术　　　　　　Thought; Learning

120 中国哲学　　　　　　　Chinese Philosophy

130 东方哲学　　　　　　　Oriental Philosophy

140 西洋哲学　　　　　　　Western Philosophy

150 逻辑学	Logic
160 形而上学	Metaphysics
170 心理学	Psychology
180 美学	Esthetics
190 伦理学	Ethics

宗教类 — **Religion**

200 宗教总论	Religion:General
210 宗教学	Science of Religions
220 佛教	Buddhism
230 道教	Taoism
240 基督教	Christianity
250 伊斯兰教	Islam(Mohammedanism)
260 犹太教	Judaism
270 其他宗教	Other Religions
280 神话	Mythology
290 术数;迷信	Astrology;Superstition

科学类 — **Sciences**

300 科学总论	Sciences:General
310 数学	Mathematics
320 天文学	Astronomy
330 物理学	Physics
340 化学	Chemistry
350 地球科学;地质学	Earth Science;Geology
360 生物科学	Biological Science
370 植物学	Botany
380 动物学	Zoology

390 人类学   Anthropology

应用科学类   **Applied Sciences**

400 应用科学总论   Applied Sciences:General
410 医药   Medical Sciences
420 家政   Home Economics
430 农业   Agriculture
440 工程   Engineering
450 矿冶   Mining and Metallurgy
460 化学工程   Chemical Engineering
470 制造   Manufacture
480 商业:各种营业   Commerce:Various Business
490 商业:经营学   Commerce:Administration and Management

社会科学类   **Social Sciences**

500 社会科学总论   Social Sciences:General
510 统计   Statistics
520 教育   Education
530 礼俗   Rite and Custom
540 社会学   Sociology
550 经济   Economy
560 财政   Finance
570 政治   Political Science
580 法律   Law;Jurisprudence
590 军事   Military Science

史地类	**History and Geography**
600 史地总论	History and Geography: General
中国史地	History and Geography of China
610 中国通史	General History of China
620 中国断代史	Chinese History by Period
630 中国文化史	History of Chinese Civilization
640 中国外交史	Diplomatic History of China
650 中国史料	Historical Sources
660 中国地理	Geography of China
670 中国地方志	Local History
680 中国地理类志	Topicla Topography
690 中国游记	Chinese Travels
世界史地	World History and Geography
710 世界史地	World: General History and Geography
720 海洋志	Oceans and Seas
730 亚洲史地	Asia History and Geography
740 欧洲史地	Europe History and Geography
750 美洲史地	Americas History and Geography
760 非洲史地	Africa History and Geography
770 大洋洲史地	Oceania History and Geography
780 传记	Biography
790 文物考古	Antiquities and Archaeology

语言文学类　　　　　　　　Linguistics and Literature

800 语言学总论	Linguistics:General
810 文学总论	Literature:General
820 中国文学	Chinese Literature
830 中国文学总集	Chinese Literature: General Collections
840 中国文学别集	Chinese Literature: Indivisual Works
850 中国各种文学	Various Chinese Literature
860 东方文学	Oriental Literature
870 西洋文学	Western Literature
880 其他各国文学	Other Countries Literatures
890 新闻学	Journalism

艺术类　　　　　　　　　　Arts

900 艺术总论	Arts:General
910 音乐	Music
920 建筑艺术	Architecture
930 雕塑	Sculpture
940 绘画;书法	Drawing and Painting; Calligraphy
950 摄影;电脑艺术	Photography;Computer Art
960 应用美术	Decorative Arts
970 技艺	Arts and Crafts
980 戏剧	Theatre
990 游艺及休闲活动	Recreation and Leisure

附录二 研究报告范例

研究报告范例之一

美国民众的"大多数"[*]

*

第一节 前言——正确地认识美国人

加强对美国宣传工作是当前外交工作的当务之急,唯有增进美国人对我们进一步的了解,才能强化对美外交的"民意基础"。如何正确选择"美国人士"作为增强彼我双方之间的认识对象,实在是整个对美外交舆情研究与交流成败的关键。对这个问题的解答,有些人认为我们应该继续研究美国右派人士,有些人却以为应该转而注重影响左派分子。见仁见智,都有其道理。

笔者认为,唯有客观地分析,并了解目前美国真正的政治人口主力,以之作为舆情研究与交流的对象,才能达到真正事半功倍的效果。兹参照美国有关舆情的分析,依据美国最近几年的大选资料以及民意测验报告,研析美国在政治上发生作用的大多数民众,借以了解他们在人口学上的特质——诸如年龄、政治兴趣、经济状况、教育背景、职业、宗教、居所……而有助于我们促进对美关系之推展。

---

[*] 本文撰写于1978年,系引用当时最新之资料,收录于宋楚瑜,《美国政治与民意》(台北:黎明文化事业公司,1978年)。

第二节　美国政治上的"大多数"与其特质

年龄的差别

根据许多资料显示，美国的政治人口主力，既非青年人，亦非老年人，而是中年人。依据美国人口调查局在 1968 年大选所做的统计，参加该次选举，年龄在 30 岁以下的人口占全部选民的 17%，而 60 岁以上的人亦仅占 15%，主要人口是年龄在 30 岁至 64 岁之间，此类人口占 68%（见附表一）。根据 1976 年美国大选统计，参加该次总统大选的美国选民人口也有类似现象，即中年人仍然是美国政治人口的主力。18 岁至 20 岁人口占 5.3%；21 岁至 44 岁人口占 44.5%；45 岁至 64 岁人口占 34.4%；65 岁以上人口占 15.8%。[1]

根据 1977 年 8 月，盖洛普就台湾地区与美国的关系所做的美国民意调查报告显示，18 岁以下的人根本不列入其抽样对象[2]，18 岁至 34 岁的人口占全部取样人口的 38.5%，35 岁至 49 岁的人口占 23.7%；50 岁以上的人口占 37% 以上。可见中年人仍然是舆论调查抽样的主要对象（见附表二）。

---

[1]　Herman B. Brotman, "Voter Participation in November, 1976," *The Gerontologist*, vol. 17, no. 2 (1977), p. 158.
[2]　在盖洛普就美国选情所做的一般民意调查中，其抽样亦以法定投票年龄 18 岁以上为对象。

附表一　1968年美国大选选民分析

成分		占全部选票百分比(%)	实际投票率百分比(%)
年龄	30岁以下	17	
	30—64岁	68	
	65岁以上	15	
家庭每年收入	$3 000以下	9	54
	$3 000—$5 000	13	58
	$5 000—$15 000	66	72
	$15 000以上	12	84
教育程度	小学或小学以下	22	
	中学1—3年	16	
	4年	36	
	大学1—3年	13	
	4年以上	13	
职业	高阶层白领阶层	19	
	手工、技术工作、贩卖工人	42	
	农人	3	
	失业者	1	
	非劳工人口		
	女性(几乎全部为家庭主妇)	28	
	65岁以上男性	5	
	其他人士	2	
宗教	新教徒	68	
	天主教徒	25	
	犹太教徒	4	

资料来源:Richard M. Scammon and Ben J. Wattenberg, *The Real Majority* (New York:Berkeley Medallion Books,1972), p. 41.

**附表二 1977 年盖洛普有关台湾地区与美国的
关系民意测验抽样成分分析**

成分		百分比(%)
性别	男性	47.2
	女性	52.8
年龄	18—34 岁	38.5
	35—49 岁	23.7
	50 岁以上	37.0
	不详	0.8
每年家庭收入	$7 000 以下	23.9
	$7 000—$9 999	11.1
	$10 000—$14 999	21.6
	$15 000—$19 999	16.8
	$20 000 以上	24.4
	不详	2.2
教育程度	小学	15.9
	中学	54.8
	大专	29.3
	不详	0.0
职业	专业及技术人员、工商界人士	25.5
	低阶层技术人员	6.8
	手工作业者	42.5
	农人	1.9
	非劳工人口	19.6
	不详	3.7

资料来源:*A Gallup Study of Public Attitudes Toward Nationalist China on Taiwan*(Princeton, N. J.:The Gallup Organization, Inc., August 1977),Technical Appendix,p. I.

注:以下所有 1977 年盖洛普有关台湾问题民意测验数字均来自同一资料。

年龄的差别,在政治上的另外一个很重要的现象,就是美国的青年人及老年人对政治的兴趣均不及中年人来得浓厚;换言之,前者对政治的参与不如中年人。根据 1968 年美国人口调查局的统计,18 岁到 20 岁间依法能够有投票权的人,只有 33.6%真正投了票;21 岁到 24 岁的,只有 51.1%的人投了票,25 岁到 34 岁的,有 62.5%参加了投票;而 35 岁到 44 岁的,有 70.8%的人参加了投票;45 岁到 54 岁的,有 75.1%的人参加了投票;75 岁以上的,有 56.3%参加了投票;换言之,年轻人能够有资格投票,而又真正去投票的人口,占的比率最少,最重要的仍是 35 岁到 54 岁之间的人口占比最多,达 75.1%。过了 65 岁又有下降的趋势。这种现象在 1972 年和 1976 年的大选中,也再度表现出来(见附表三)。

附表三　美国选民实际投票率　　　　单位:%

	1964	1968	1972	1976
18—20 岁	39.2	33.6	48.3	38.0
21—24 岁	51.3	51.1	50.7	45.6
25—34 岁	64.7	62.5	59.7	55.4
35—44 岁	72.8	70.8	66.3	63.3
45—54 岁	76.1	75.1	70.9	67.9
55—64 岁	75.6	74.7	70.7	69.7
65—74 岁	71.4	71.5	68.1	66.4
75 岁以上	56.7	56.3	55.6	54.8

资料来源:*Population Characteristics*:*Voter Participation in November 1976*(*Advance Report*),Current Population Reports,Series P-20, No. 304 (Washington, D. C.: Bureau of The Census, U. S. Department of Commerce. December 1976), p. 3.

财富的多寡

美国选民人口主力的另外一个重要现象就是,他们既非穷人,亦非富人。而是所谓的中产阶级。根据 1968 年大选的选民资料显示,每年家庭收入在 3000 美元以下的人口,只占全体选民的 9%;3000—5000 美元者,占 13%;最重要的是 5000—

15000美元的人口,占66%;15000美元以上者只占12%;换言之,收入在5000—15000美元的人口,却是全部选民的主要力量,占66%(见附表一)。

美国中产阶级人士不但是选民中的主要力量,同时他们出席参加投票的投票率也比其他人口来得高。根据1968年的统计,收入在3000美元以下者,投票率是54%,3000—5000美元收入者,投票率达58%,5000—15000美元者达72%,15000美元以上者投票率达84%;换言之,收入愈多者,投票率愈高(见附表一)。

根据盖洛普测验讨论台湾地区与美国问题的民意调查报告结果,也有上面同样的现象,那就是,家庭收入在7000美元以下者,只占全部抽样的23.9%;其余56%以上者,仍是以收入在7000—15000美元者为主力,年薪在20000美元以上的抽样人口,只占24.4%,可见主力既非穷人,亦非富人,而是所谓的中产阶级(见附表二)。

教育程度的高低

政治人口主力的另一个重要特征,就是他们既非受过高深教育,亦非完全没有受过教育者,其主力还是所谓的中间者。一般来说,他们受过高中教育。根据参加1968年大选选民的统计调查,其中受过初等学校教育的占22%,而受过高中教育的占52%,受过大学教育的只占26%(见附表一)。

因此我们可以说,差不多3/4(约74%)的选民从未进过大学之门,可见,美国选民主力,仍是高中毕业阶层者。对其思想、观念的了解,我们必须从这个角度加以衡量。

1977年盖洛普有关台湾地区与美国关系的美方民意调查报告中,亦有相同的显示,29.3%接受测验者受过大学教育,54.8%均为高中毕业生,小学文化程度者占15.9%,再次证明美国主要政治人口,不是高级知识分子,亦非目不识丁者,而是中间一般受过高中教育程度者(见附表二)。

职业的贵贱

从职业上说,美国政治人口主力,既非高级专业者。亦非低阶级的农人、劳工,主要还是中产阶级。根据1968年选民调查,由职业来分析:高阶层的白领阶层只占19%,手工、技术工人、工人占42%,农人占3%,家庭主妇等无职业者占28%,年老退休者(以男性为主)占5%(见附表一)。

这种现象在盖洛普测验中亦有同样显示:专业及技术化的工商界人士占25.5%,一般低阶层技术人员占6.8%,以手工作业者占42.5%,农村人口占1.9%,非劳工人口占19.6%,因此,主要力量仍是以劳力换取生活的人,占42.5%(见附表二)。

宗教与地域的区分

美国政治人口主力的另一个特色,以宗教来分,为新教徒,占68%,而天主教徒只占25%;犹太教徒占4%(见附表一)。

还有一个现象,就是大部分都属于都市人口,以往美国人口是自农村向都市集中,目前则是自都市向郊区移动。1950年人口统计资料显示,都市人口占35%,农村人口占41%,郊外人口占24%。1960年时,都市人口为32%,农村人口相对降低至37%,郊外人口则增至31%。1968年,都市人口下降到29%;农村人口亦下降到36%,郊外人口增至35%。在1950年至1968年人口的起落中,郊区人口增加了3200万人。因此,今天的美国,就地域区分来说,35%的人口逐渐集中在都市的四周,加上都市本身,就1968年而论,已超过64%(见附表四)。

附表四　美国人口分布　　　　　　　　　单位：%

年份 地区	1950年	1960年	1968年
大城市	35	32	29
郊区	24	31	35
小城市及乡村	41	37	36

资料来源：Scammon and Wattenberg，p.69.

还有一个现象，特别是最近几年，年轻人、低收入者、黑人均是美国政治上不可忽视的一些群众与力量，但是这些人却并非美国政治人口中最主要部分。虽然美国近年来对年轻人、少数民族及低收入者的问题与福利特别重视，但就了解美国政治人口主力问题而论，我们必须有一个正确的观念。

自由与保守之别

就美国政治人口主力来说，以其基本态度与思维而论，有一个很重要的现象，即所谓自由派人士虽然经常高谈阔论，但是他们并非美国政治人口的大多数。根据1969年盖洛普的统计调查：23%的美国人自称为保守派；28%为温和保守派；18%自称是温和自由派；15%自称为自由派；16%的人无意见（见附表五）。因此将温和派加上保守派，总数字超过69%，美国真正的政治主力是温和保守派，而非自由派。他们的态度基本上倾向于温和保守派，其重视的不是一些所谓自由开明的态度，他们所关心的是所谓的社会问题——与切身有关的问题，诸如物价、福利、控制犯罪等。

附表五　1969年夏季盖洛普民意调查美国人政治见解分析

保守派	温和保守派	温和自由派	自由派	无意见
23%	28%	18%	15%	16%

资料来源：Scammon and Wattenberg，p.74.

第三节　美国民众的"大多数"关心与自己切身利害相关的社会问题

美国著名的选情专家史肯门(Richard M. Scammon)在《美国真正的大多数》(*The Real Majority*)一书中,特别对1968年大选加以研究。他指出,虽然在1968年反越战的最高潮中,国际问题并非是美国选民所最关切的,他们最关切的仍然是如何控制物价的经济问题、如何防止犯罪、美国本身的道德与种族等社会问题。这是相当平实的报导。因为资料显示,从1960年到1968年,美国犯罪率增加了106%[3],到处都有谋杀、强奸、抢劫、放火,这些问题当然是选民切身注意到的问题;另一个就是种族问题,种族问题所带来的社会不安,史肯门在书中曾予特别强调,同时也有很详细的分析,他认为越战问题虽然在1968年大选中是一项极为引人注目的问题,也是报道最多的问题,但是美国选民真正关心的,却是与他们切身利害相关的基本社会问题,一般美国民众对外交问题比较缺乏热心。[4]

这种现象实不自今日始,亚蒙(Gabriel A. Almond)教授在其名著《美国人民及外交政策》(*American People and Foreign Policy*)一书中,曾就这个问题详加讨论,他仔细地分析自1935年11月至1949年10月间美国民意测验的结果,发现美国民意对国际问题关心的程度与时局的变化虽有起伏,但基本上可以说并不十分关心国际问题(见附表六)。

亚蒙教授的研究指出,1935年的秋季和冬季,在意大利与

---

[3] Richard M. Scammon and Ben J. Wattenberg, *The Real Majority* (New York: Berkeley Medallion Books, 1972), p. 41.

[4] Ibid., pp. 35-44.

阿比西尼亚的战争结束之后,以及西班牙内战爆发之前的一段时间,当时接受盖洛普抽样调查的美国人当中,只有11%的人认为国际问题是美国人民所面临的最重大问题,而几乎所有这些重视外交政策的美国人,都强调"维持美国的中立"为当时外交上的第一要务。当时一般的美国人都认为,在困扰美国人的许多问题中,最主要的还是和就业、政府经济、商业不景气、税收等有关,这些美国人对外交政策所关切的,主要是在消极方面如何避免卷入外国人的事。到了西班牙内战期间,也就是1936年12月,那些特别担心来自国外的威胁,而同时又关心美国是否能维持中立的美国人所占百分比,曾一度上升到26%,1937年12月的百分比和前一年的差不多,但是注意力却已集中到远东,因为当时"七七"事件爆发,中日战争愈为炽烈,同时美国一艘炮艇"班乃岛号"(Panay)被日本击沉。

　　随后一次的盖洛普调查是在1939年1月举行的,时值西班牙的内战接近尾声,以及《慕尼黑协议》签订之后,国际政治在这一段时期中,表面上尚属平静,因此对外交政策关切的美国民众又降到14%。其中11%的美国人认为,维护和平是美国当前最重要的问题,而3%的美国人则关心美国的国防,由于德国占领波希米亚(Bohemia)和摩拉维亚(Moravia),破坏了《慕尼黑协议》,再加上意大利侵略阿尔巴尼亚(Albania),于是造成1939年春,美国大众注意力突然集中到外交问题,当时有35%的美国人了解国外的危机,而认为当时所面临的最重要的问题乃是"不要卷入战争"。

　　可惜在德苏协定和第二次世界大战爆发期间,美国当时没有做民意调查,要不然这些发展很可能会戏剧化地增进美国民众对国际局势的警觉性。到了1939年的12月,盖洛普的问卷又把外交政策的问题包括在内,可能由于这是一段"假战争"时期,所以美国民众对时局关切之情又降低了。当时美国民众认为,外交事务是当前最重要问题的人比例是47％,但是,同样的,他们认为最主要的外交问题是"不要卷入战争"。过了9个月,当挪威、丹麦、法国及荷兰、比利时、卢森堡相继沦陷于德国之后,此时的数字是48％。不过这一次是以不同的观点来看这个问题,其中,只有9％的人把"不要卷入战争"列为美国最重要的问题;27％的人关切美国的国防力量是否充裕;12％的人提到"战争问题"。希特勒在1940年春夏之际,攻城略地,所向披靡,乃动摇了美国人原以为能置身国际危机之外而袖手不顾的信心,对于解决当时美国外交问题的办法,再也不只是单纯的拒绝和撤退。德国、意大利和日本的侵略威胁,使得美国人忧心忡忡,不得不暂时一反常态,采取积极的态度,支持外交上的做法。

到了1941年11月,珍珠港事变的前夕,美国民众为国际大势感到极端忧虑不安,以致绝大多数接受盖洛普调查的美国人,都把与外交政策和国防有关的问题列为最重要的问题,1941年11月初,70％的美国人将这类问题列入最重大的问题,到11月末的时候,民情沸腾,达到81％,这一次他们终于认为应该迅速加强国防、援助英国以及加入欧战,只有少部分的人还认为当时的外交问题是"不要卷入战争"(11月初是7％,11月末是9％)。

在第二次世界大战期间,对美国民众是否关心国际局势的问题所做的民意调查,需要从不同的角度来衡量,因为对这个问题又有了不同的解释。在第二次世界大战中,接受调查的美国人被问到:"撇开赢得战争的胜利不谈,你认为我国当前所面临的最重要的问题是什么?"毫无疑问的,如果当时还用先前那一套问法,美国民众回答外交问题是最重要问题的比例,一定比1941年11月的时候还要高,由于有以上这样的问法,换言之,也就是在提醒之下,美国人对这个问题的看法尤其值得玩味。在第二次世界大战期间的三次美国民意调查中,仅有少数美国人认为(撇开赢得战争的胜利不谈)有关外交政策的问题是最重大的问题。1942年12月,11％的美国人关切如何"缔造持久的和平",而8％的人则为战后重建问题而烦恼,绝大多数的人将通货膨胀、经济不景气的危险、粮食缺乏、劳工问题,列为美国当前的重大问题。值得特别注意的是,当此战争的胜利日渐接近之际,认为(撇开赢得战争的胜利不谈)有关外交政策的问题是最重要的人百分比,不但没有增加,反而降低了。1943年8月,只有14％的人列举外交政策问题。在1945年3月德国溃败的前夕,列举外交问题的人比例还是一样,而紧接着,在对日战争胜利之后(1945年8月下旬),只有6％的美国人还真正关心国际问题。

　　这些数字显示,在战争期间,美国大众对战役安排、战后安全等问题的关切,还不如那些对个人看起来比较急迫的问题,诸如战后转业、就业问题等来得深。然而,在此期间所做的其他民意调查显示,老式的美国孤立主义大体而言是消逝了。当被问到美国是否应在世界事务中扮演一个较前更为重要的角色时,绝大多数的美国人(70％到80％之间)都赞成美国应多参加国际事务,只有少数人基本上支持孤立主义者,但是假如没有被问到一些晓以大义的问题,则只有少数的美国人,在第二次世界大战最激烈时期,会留意到美国的长远国际地位问题。

　　从这些调查的结果,我们发现,美国人对卷入国外事务的态度比以前所想象的要复杂及难以捉摸;这也许无法从它的本身来理解,但是我们不难从美国一般人的价值观念中看到一些端倪。一般的美国人都非常重视个人直接的利益,任何与此不合的情形,都会遭到相当大的阻力,当政治问题侵犯到或势将侵犯到这些个人利益的时候,大众就会注意到这个问题,一旦这种压力减弱时,注意力也就很快消失了,就像绷紧的松紧带一样弹了回去,美国人如果想要参与世界事务的话,当然是基于经验和道德,但是要美国大众接受美国积极参加世界事务的立场,他们还是心不甘情不愿的,而且只有在碰到明显和公然的威胁情况之下,被激得非接受不可的时候,才有可能接受。

1945年8月,日本无条件投降,而美国大众对国外事务的关怀心理一扫而空,固然美国人一方面很理智地承认,在战后由于美国变成世界强国,已经无法再回到以前那种孤立主义。另一方面,由于国际问题本身就是一个严肃的主题,同时需要相当的知识和不断的兴趣,因此,只有极少数的美国人称得上是关心国外事务问题的人,是以,把维持和平、重建欧洲、管制原子弹列为最关切问题的美国人,在1945年8月只占了6%,1945年10月也只有7%。

以上是第二次世界大战期间,美国民众对世界局势注意力的变化,说明了美国民众对世界问题一贯不稳定的和肤浅的反应。

第四节 第二次世界大战以后美国民意的特征

第二次世界大战结束之后的几年,美国民意就国际问题的起伏,有以下两点特征:其一是由于美、苏双方之冲突愈演愈烈,美国民众对国际事务的关切有日渐增强的趋势;其二是美国民众的反应还是呈现极不稳定的状态,在有直接威胁时,民情就突然高涨起来;在美苏关系出现短暂性表面稳定时,又突然冷淡下去。1946年初,由于伊朗的危机,又突然引起美国大众极大的关切。6个月之后,因为意大利和平条约的进展,美国民众对国际问题的注意力就又突然降低了。1946年秋,华莱士副总统(Henry Wallace)和伯恩斯国务卿(James F. Byrnes)的争论,一下子又引起大家对外交政策问题的关切。1947年春,杜鲁门主义的宣布,使美国大众的关切之情剧增,达到战后最高纪录——54%。但是1947年的夏季和秋季,由于马歇尔计划的宣布、"临时援助法案"的颁布,以及法国消弭了共产国际所发动的工潮之后，很明显的又为美国人制造了一股安全的气息，1947年12月的盖洛普测验显示，把国际问题看做是最重要问题的美国人，减少了20%左右。

1948年4月，意大利的选举危机，使得美国大众对注意国际问题又一度掀起热潮，但是在非共产党的党派获得胜利之后，马上又消退了。美国人对国际事务所持态度的肤浅和其情绪的变化，完全受表面的威胁所左右，只要从他们对国际问题注意力戏剧化的突升突降上，就可以看得很清楚。不过在此必须指出的一点是，自从冷战开始之后，在全国性的民意调查中，为数相当大的百分比一直视外交政策问题为当务之急。因此，1948年春末，当时苏联还没有封锁柏林，可算是一段"非危机"的时期，接受调查的美国人之中，50%的人把"外交政策"及其相关问题列为"美国当前所面临的最重要的问题"。1949年秋初，苏联宣布原子弹试爆之前，34%的美国人将外交政策问题列为最重要的问题（见附表六）。

根据现有的资料，我们无法把第二次世界大战结束后，美国大众马上减低了对国际事务的强烈关切的情形与第一次世界大战后横扫美国孤立主义的浪潮相比。第二次世界大战末期，以及战争结束后那一年的调查问卷还显示，相当大数量的美国民众乐见美国优先参与国际事务（如果不是第一优先的话）。《幸福》杂志（Fortune）在1944年12月29日做了一项民意调查，列举了美国所面临的许多问题，要接受调查的人选出其中他们认为最重要的事，几乎有60%的美国人选的是"战后美国在国际事务中所应扮演的角色"。

虽然我们可以说国际事务问题的重要性，在战后已获得美国民众的承认，但是从别的一些研究报告中却透露出另外一种趋势——就是把烦人和不直接相干的问题抛在一旁。《幸福》杂志在 1945 年 8 月所做的一项民意测验结果显示,一半以上的美国人觉得俄国以及轴心战败国的问题将是"未来几年里的棘手问题"。但是,随后的一项盖洛普民意测验却显示,如果我们因而断言为数甚众的美国人确实曾好好思考过美国与俄国间关系的问题,或真正了解美苏关系的含义,则与事实大相径庭。在 1946 年 9 月底所做的一次盖洛普民意测验中,故意将接受抽样调查的人分成两部分,以不同的问话方式分别问这两组人,然后要他们在一系列的问题中,选出他们所最关切的问题。在第一部分的人当中,只有 15％的人认为,"与俄国打交道"的问题是他们最关心的问题,另有 14％的人觉得那是他们"第二关心"的问题。而在第二部分的人当中,故意把国际事务问题强调成是"维持世界和平"的问题,结果有 63％把它选做是他们所认为最关心的问题。由此可知,当时一般美国人并不十分了解美苏关系对"维持世界和平"是息息相关的。申言之,就美国人对俄国问题和国际事务的态度而论,我们可以从这两次的民意调查中发现到一些有趣的现象,当接受抽样调查的美国人,碰到类似"维持世界和平"这种"大帽子"的问题时,他们就会表示出对国际事务极大的关切。换言之,如果用直截了当、大而化之的口吻同美国人讨论国际问题,他们会很感兴趣。他们也愿意承认国际事务问题——例如美苏关系——是很重要而又很麻烦的问题。但是如果你问美国人,与苏俄打交道这个问题——一个在美国外交上最困难而又最严肃的问题——是不是他们所最关切的问题,当把它和其他问题,诸如住宅问题、降低生活费用、罢工等问题并列时,百分比就会极度下降。

附表六　美国民众关切外交问题程度比较

日　期	认为外交问题为最重要问题的百分比(%)	日　期	认为外交问题为最重要问题的百分比(%)
1935年11月	11	1946年9月	23
1936年12月	26	1946年12月	22
1937年12月	23	1947年3月	54
1939年1月	14	1947年7月	47
1939年4月	35	1947年9月	28
1939年12月	47	1947年12月	30
1940年8月	48	1948年2月	33
1941年11月	81	1948年4月	73
1945年10月	7	1948年6月	50
1946年2月	23	1949年10月	34
1946年6月	11		

资料来源：Gabriel A. Almond, *The American People and Foreign Policy* (New York: Frederick A. Praeger, 1960), p.73.

美国人对国际事务的关注，一直保持着这种不耐烦而又非常消极的态度，他们也承认美国不得不卷入国际政治，而且也了解在现实环境下，无法完全迁就原来独善其身的想法，但是如果真正面临美苏关系陷于沉闷、紧张、威胁，乃至于挫折的时候，美国人就会表现出不愿意被牵连在内、不愿意再予关注的情绪。从积极的一面来看，我们必须承认，有证据可以证明美国大众愈来愈关心国际事务。《幸福》杂志在1948年6月的一次民意调查中问道："未来四年，假如在下列事项中，你只可以挑四项问题，以您认为正确的方式加以处理，你认为哪四项问题最重要呢？"结果，四项获得最高百分比的答案中，三项是属于外交政策问题，包括有69％的美国人选"美国的军事实力"，66％的人选"美国的对苏政策"，53％的人选"马歇尔计划"。在辛辛那提（Cincinnati）地区，就美国人对国际事务的态度所做的一项密集研究中,当美国国家民意研究中心(National Opinion Research Center)的调查员问那些接受调查的美国人,他们对有关国内外问题新闻关切的程度⑤,92%的美国人表示深切关注生活费用的新闻,54%的人深切关注美苏关系的新闻,51%的人对管制原子弹的新闻予以深切的关注。无疑,这显示美国人民对外交政策问题的警觉性都很高,但是从前述美国人对国际问题反应的升降起伏纪录来看,我们就可以了解到在威胁较不明显的情况下,美国大众对外交的注意力随时有降低的可能。

附表七 美国人目前所关切之首要问题

问:"你认为本国所面临的首要问题是什么"

1976年10月22日—25日　　　　　单位:%

		生活水平太高	失业	不满政府	犯罪	外交事务	政府费用太多(社会计划)	道德沦丧	杂项	无意见
全国统计		47	31	6	6	6	4	3	24	4
性别	男性	46	32	7	4	5	3	3	25	3
	女性	47	30	5	8	5	4	4	23	5
种族	白人	49	28	6	5	6	5	4	24	4
	非白人	32	52	5	12	4	3	2	19	7
教育程度	大学	49	28	7	4	6	4	4	25	2
	中学	46	34	5	6	4	3	4	24	4
	小学	45	27	8	10	7	4	4	23	8
地区	东部	47	38	5	5	5	4	2	24	1
	中西部	51	30	5	5	3	3	3	25	5
	南部	42	28	8	4	5	4	6	22	7
	西部	47	26	4	8	9	4	4	25	2

---

⑤ National Opinion Research Center, *Cincinnati Looks at the United Nations*. 1948, pp. 5ff.

（续上表）

		生活水平太高	失业	不满政府	犯罪	外交事务	政府费用太多（社会计划）	道德沦丧	杂项	无意见
年龄	18岁以下（不含18岁）	45	33	5	3	4	3	2	25	4
	18—24岁	44	34	2	4	4	4	2	25	4
	25—29岁	47	32	9	3	5	2	2	26	3
	30—49岁	54	29	5	7	6	5	3	21	3
	50岁以上	42	30	7	8	6	5	5	25	5
收入	$20 000以上	52	27	5	5	6	5	4	25	2
	$15 000—$19 999	50	35	6	4	4	4	3	25	2
	$10 000—$14 999	46	29	7	7	7	3	3	20	5
	$ 7 000—$ 9 999	49	30	5	5	8	4	4	23	2
	$ 5 000—$ 6 999	41	31	5	8	5	3	2	25	9
	$ 3 000—$ 4 999	37	40	6	10	6	5	1	25	4
	$3 000以下	39	29	5	11	4	9	8	32	9
政治背景	共和党	51	22	3	7	10	4	4	23	4
	民主党	46	40	6	6	4	5	3	21	4
	社会民主党	44	38	6	3	6	6	4	19	6
	其他民主党	47	41	5	7	3	4	2	22	2
	无党派	45	24	8	7	7	4	4	28	4
宗教	新教	44	27	7	6	7	5	5	24	5
	天主教	49	41	3	6	4	4	1	22	2
职业	专业技术人员及商人	54	26	6	4	7	5	2	24	1
	抄写员与店员	48	29	4	7	4	1	5	20	3
	手艺工人	45	35	6	6	5	4	4	22	5
	非劳工	39	30	6	9	8	4	4	31	7
城市规模	1 000 000人以上	52	37	5	12	6	2	3	22	2
	500 000—999 999人	41	32	5	7	4	4	1	30	2
	50 000—499 999人	48	34	5	4	4	5	4	23	4
	2 500—49 999人	49	28	9	2	8	6	3	23	4
	2 500人以下（乡村）	43	24	6	6	7	5	4	24	7
家庭	工会家庭	44	37	5	10	6	5	2	24	4
	非工会家庭	47	29	6	5	6	4	4	23	4

资料来源：*The Gallup Opinion Index*，Report No. 137,(December 1976). p.29.

上述现象,并不因时迁岁易而有所改变,依据盖洛普民意测验调查显示,在 1976 年美国大选中,美国民众最关心的问题依次是:物价太高(47%)、失业(31%)、对政府不满(6%)、犯罪(6%)、外交(6%)、政府过度消费(4%)、道德沦丧(3%)、其他(24%)、不详(4%)。⑥ 这个现象,似乎并不因种族、性别、年龄、教育程度、宗教、收入、党派、职业而有大的分别。换言之,美国一般人所关心的是自己内部的问题,而不是外交事务(见附表七)。

第五节　美国人对国际事务漠不关心

另外一个重要的现象,就是大部分的美国人,对国际政治问题的认识和了解都十分肤浅,这一点可以从他们所获得的有关国际事务的资料中看得出来。

其实,从他们对国际问题客观上所拥有的实际知识去衡量,远比直接问他们主观上对世界问题到底有多关切,更能说明美国人事实上对国际事务关切的程度。譬如说,美国大众对美苏关系、马歇尔计划或原子能的管制表示"深切"关注的话,按理我们就应该能肯定,他们对这些问题的详情有某种程度的了解。然而,事实上并非如此,一个普通的美国人假如对职棒大联盟(Major League)的职业棒球队下一季成绩极有兴趣的话,他一定对棒球赛知识如数家珍,同时可以分析出一套道理来。但是,只有很少数的美国人对外交政策的问题具备相同的知识和分析能力。当然,这并不意味着在这一方面美国人和其他国家或地区的人有什么不同,其他国家或地区的人民就国际常识所做的调查,结果证明情形也差不多。台湾地区似乎也不例外,报载我们有些大专学生竟连以色列在哪里都不知道,居然认为"在美国

---

⑥ *The Gallup Opinion Index*,Report No. 137,(December 1976),p. 29.

附近",而巴西被搬到了"亚洲"。⑦ 因此,一般来说,各个国家或地区的人民似乎都对国际事务缺乏高度的兴趣,并且缺乏国际常识,但是由于美国是当今世界自由国家的领导者,而在传统上,美国人又缺乏热心参与国际事务,所以,美国民众如果缺乏对外交政策的常识,其影响要比其他国家或地区严重得多。

就美国人对国际事务了解程度所作的研究结果显示,大部分美国人对国际事务实际情况的认识是相当马虎和皮毛的,1946年美国曾作过一项研究,以测验美国人对最基本国际问题的了解情形,并将全国的抽样就其对国际知识了解的高低程度分成7个组,这项研究把具备下列知识的美国人归入第一组:(1)知道现任国务卿的名字;(2)认识格罗夫斯将军(General Leslie R. Groves)为何许人;(3)知道是哪一个国家在当时被控在伊朗逾时仍不撤军;(4)说得出一种能衍生出原子能的物质名称;(5)知道最近将试爆原子弹的计划;(6)指得出即将试爆原子弹的地点。在做这项调查的时候,这些问题在报纸上都曾以显著位置报道过。但对上述这些问题,竟有16%的美国人一项也答不出,8%的人6项全会,62%的答对问题的人不超过3项。⑧

1947年9月,在辛辛那提曾经做过一项研究,结果30%的成年人不清楚联合国的宗旨,在此之前几个月所做的另一项全国性调查报告显示,一个包括全国抽样的调查对象中,有36%的人也一样不知道。而在辛辛那提抽样调查中,虽有70%的人知道联合国的一般性宗旨,但是他们对联合国的权力范围弄不清楚的仍占相当大的比例,70%里有55%的人以为联合国除了

---

⑦ 《综合月刊》,第107期(1977年11月):148。
⑧ Leonard S. Cottrell, Jr. and Sylvia Eberhart, *American Opinion on World Affairs in the Atomic Age* (Princeton, N. J.: Princeton University Press, 1948), pp. 95ff.

其他的功能外,还应该负责制定对德和约和对日和约。⑨

美国学者克莱斯伯格(Martin Kriesberg)在研究美国人对国际事务了解程度的报告中估计,平均说来,约有30％的美国选民"几乎根本不懂你跟他所说的任何一件美国外交政策的事",45％"是知其然而不知其所以然",这些人知道的极少,虽然他们可能也听得懂别人所讨论的外交政策问题,但是他们"无法对这些问题提出任何高明的见解"。他估计,"明了国际问题"的人所占的比例是25％。⑩

最近,波士顿大学某一位地理学教授要他的64名学生,说出24个国家首都的名字,并在世界简略地图上列出它们的位置,只有5个人答对一半。许多学生连这些国家在哪一洲都不知道,"香港被移到北极,韩国被搬到中国大陆中部。但是,最让他反感的是,有些学生竟然连越南在哪里都不知道"。⑪

根据最近芝加哥外交关系委员会(Chicago Council on Foreign Relations)由另一位有名的民意调查专家哈里斯(Louis Harris)所做的一份调查报告——《1975年美国民意和美国外交政策》(*American Public Opinion and U. S. Foreign Policy*)指出,抽样调查的美国民众中,仔细地看外交新闻的不超过31％,最多只是注意当时醒目的大新闻事件罢了,一般来说,只有20％的美国人真正关心注意外交政策问题。

同时,根据美国许多民意调查报告,我们发现只有极小比例的美国人参加那些偶尔也讨论国际事务的团体组织。由美国国家民意研究中心在1947年11月的研究中,我们发现美国人当中,只有大约16％的人是属于这些偶尔谈论国际问题俱乐部、

---

⑨ National Opinion Research Center, op. cit., pp. 12ff.
⑩ "Dark Areas of Ignorance," *Public Opinion and Foreign Policy*, ed. by Lester Markel,(New York:Harper, 1949), p. 51.
⑪ 《联合报》,1977年10月21日,第4版。

社团、职业工会的会员。美国民意测验研究中心（Survey Research Center）在1947年2月更进一步指出，在他们的抽样里，只有10％是属于这一类型的人，他们还发现，参加这类组织的成员与国际事务常识水准之间有高度的相关性。同时，参加这类偶尔讨论国际事务的社团组织的人，大多收入较高而且受教育程度也高，年薪在5000美元以上的人当中有24％，而完成大学教育的人当中有30％，都是这类组织的负责人或会员。在上述辛辛那提所做的研究中，当问到那些不属于这类组织的美国人为什么他们不参加，是否有特殊的理由？42％的人回答："不晓得"。此外，23％的人回答说"太忙了"，而其余的人大部分都列举了特殊理由，从这些理由可以看出，他们对国际问题漠不关心。⑫

根据美国曾做有关中国问题及古巴问题的其他民意调查的结果显示，在只不过是问到被查访者对这两个问题所持的态度，而还没有问到其了解或知道程度的时候，就已经有相当多的美国人说"不知道"。这么多的美国人对这么重要的外交问题不确定或漠然无知，其结果是给了美国总统在外交上"放手去做"的机会，这可从尼克松访问大陆，美国人一般的反应上得到证明。对于那些不太关心美国以外事情的美国人来说，只要他们的总统所作的决定说来还算合理，并且看来还合乎美国的国家利益，美国一般人似乎不至于挺身而出，反对总统的决定。

第六节　美国人对中国问题缺乏认识

由上面有关美国人对国际事务的了解程度的民意调查中，我们知道美国一般民众对国际常识的缺乏。现在再来看看最近

---

⑫　National Opinion Research Center, op. cit., pp. 6ff.

波托马克(Potomac)协会对中国问题所做的特别民意调查。更可了解这个问题的严重性。

这一项民意调查是1977年4月16日至17日所进行的,当时并没有中美关系重大事件发生,因此受调查的美国民众当不致受新闻媒介的影响,左右他们回答问卷上的问题。[13]

这项民意调查一共抽样查访了820名美国人,并由位于新泽西州普林斯顿城极负盛名的盖洛普民意测验组织提供技术协助,所查访的对象为居住在美国成年(18岁以上)的各阶层人士代表,但不包括病人及囚犯。

在该项问卷调查中,会测验被查访者对中国问题的了解程度——包括中国大陆和台湾地区。

政治派别并不影响美国一般民众对这一问题的看法。特别是就中国大陆问题而论。民主党与共和党对这一问题的分歧并不十分显著,他们的观点和一般民众的观点相符合。

第七节 结论——我们对美国的舆情研究对象与重点

前面曾经提到,如果我们说美国人对外交政策问题缺乏关切的情形时,只强调美国人系基于个人的因素和美国在传统上态度一贯如此,以致对外交问题缺乏兴趣,但这只看到问题的一面。如果说上面这两个因素具有把美国民众从外交政策的领域引开的效力,国际政治的复杂性,以及一般美国人在外交政策这个领域所能发挥的有限影响力,也排斥了美国人对国际问题的

---

[13] Ralph N. Clough, Robert B. Oxnam, and William Watts. *The United States and China: American Perceptions and Future Alternatives*, prepared and published with the support of the China Council of the Asia Society. The Institute for International Social Research. The Rockefeller Foundation and Others(Washington, D. C.: Potomac Associates, 1977). pp. 26-29.

关切和参与。大部分的美国人要不是觉得他们对改变世界局势无能为力,就是对他们能做些什么一无所知。有些美国民意调查专家认为,增进一分知识,就能增进一分对外交政策问题理解的能力。事实上,一个具备实际国际情况资料的人,在能对外交政策作精辟的批判之前,除了要增进许许多多的知识之外,还要加上极大的智慧。

因此,对国际事务的关切与了解,以及自认为能在外交决策的领域扮演一个积极而又有意义的角色,似乎是必须同时具备的条件。具备了这些条件,才会积极地参与外交民意活动,这些条件似乎都集中在较富裕而受教育程度较高的美国人身上。因此,这些大部分来自社会中对政治敏感度较高的民意领袖,无疑构成了在美国关心国际事务固定的一群。如果说这些民意领袖是美国外交政策建议的来源,或者是在美国政治上辩论这些建议是是非非的主角,这些受教育程度较高、生活较富裕的社会阶层,显然就成为美国民众中注意美国外交政策各种辩论的真正听众。

由以上的说明中,我们概略了解到美国群众中真正大多数的群相。简单归纳来说,是一群非年轻、非贫穷、亦非黑人的中年人,中产阶级,思想中庸,年纪平均在 47 岁左右,年收入平均为 8600 美元,所受的教育是高中程度,所信仰的宗教是新教,居住的地方在城市及城市四周,对国际政治的兴趣不浓,比较关心切身利益,而且缺乏国际常识,亦不积极参加社团活动。

我们了解美国的政治人口主力是中间阶层,但并不是说,美国的政治主力是反年轻、反黑人及反犹太的。相反的,任何反黑人、反犹太的意见必会失掉选票或失去支持,任何一位美国政治领袖在选战中均要设法抓住中间力量,抓到中间力量就能获胜。自第二次世界大战以来,历次美国总统选举的选情中可得出一个结论:凡是意见与态度比较中庸者,大多会得到选民的支持,而采取任何偏左或偏右态度的候选人，都会遭到惨败。最明显的例子：1964年詹森总统与高华德参议员的竞选中，高华德先生的偏右派政见遭到惨败；1972年尼克松与麦高文的选举中，麦高文的偏左派力量，亦遭惨败。任何一个总统选举人均希望抓到最大多数群众，亦即中间群众，能够抓住中间群众就能获胜。同样的，我们对美交流的工作，亦是如何争取这些最大多数的中间美国群众。

对一般的美国人，也就是对大多数的美国人，我们交流的重点应该是"动之以情"，用情感打动他们，向他们说明我们共同追寻和平的目标是一致的，也追求安居乐业幸福的过生活，双方目标一致，将可奠定良好的互动基础。

重要英文参考书目

1. Almond, Gabriel A., *The American People and Foreign Policy*. New York: Frederick A. Praeger, 1960.

2. *A Gallup Study of Public Attitudes Toward Nationalist China on Taiwan*. Princeton, N. J.: The Gallup Organization, Inc., August 1977.

3. Clough, Ralph N., Oxnam, Robert B. and Watts, William. *The United States and China: American Perceptions and Future Alternatives*, prepared and published with the support of the China Council of the Asia Society, The Institute for International Social Research, The Rockefeller Foundation and Others. Washington, D. C.: Potomac Associates, 1977.

4. *Population Characteristics: Voter Participation in November 1976 Advance Report*, Current Population Reports, Series P-20, No. 304. Washington, D. C.: Bureau of the Census, U. S.

Department of Commerce, December 1976.
5. Scammon, Richard M. and Wattenberg, Ben J. *The Real Majority*. New York: Berkeley Medallion Books, 1972.
6. Wattenberg, Ben J., *The Real America: A Surprising Examination of the State of the Union*. Barden City, New York: Doubleday & Company, Inc., 1974.

研究报告范例之二

LIBERTY AND EQUALITY: CAN THEY BE RECONCILED?

Robert D. Falk

Political Science 101A

LIBERTY AND EQUALITY: CAN THEY BE RECONCILED?

For centuries liberal theorists and statesmen have tried to reconcile the ideals of liberty and equality in the democratic version of the good society. The American experiment is one such attempt, and American theorists have been among the most articulate expounders of the dual concept of liberty and equality-not as contradictions, but as complementary facets of the same ideological gem. We have put into practice many of the democratic doctrines we preach. In a world where oppression and privilege are the political norms, we have enjoyed relative liberty and relative equality. As we become more equal, are we becoming less free?

"All men are created equal," states the Declaration of Independence. Yet observation tells us men do not remain equal. Thomas Jefferson, who drafed the Declaration, also wrote:

> There is a natural aristocracy among men. The grounds of this are virtue and talent …… The natural aristocracy I consider as the most precious gift of nature, for the instruction, the trusts, and government of society. ①

A similar view was expressed by John Adams. Why asked the French statesman Anne Robert Jacques Turgot, should there be "orders" in republics "founded on the equality of all citizens"? Adams replied:

---

① Saul K. Padover, ed., *Thomas Jefferson on Daocracy* (New York: New American Library, Mentor Books, 1953), p. 150.

But what are we to understand here by equality? Are the citizens to be all of the same age, sex, size, strength, stature, activity, courage, hardiness, industry. patience, ingenuity, wealth, knowledge, fame, wit, temperance, constancy, and wisdom? Was there, or will there ever be, a nation whose individuals were all equal in natural and acquired qualities, in virtues, talents, and riches? The answer of all mankind must be in the negative. ②

Adams's definition of equality is given in the same document:

In this society of Massachusettensians then there is, it is true, a moral and political equality of rights and duties among all the individuals and as yet no appearance of artificial inequalities of conditions such as hereditary dignities, titles, magistracies, or legal distinctions; and no established marks as stars, garters, crosses, or ribbons… ③

Equality, then, means to Adams equality of rights and duties, and the absence of artificial distinctions. What kind of equality is provided for in the United States Constitution?

1. Both Federal and State governments are prohibited from granting titles of nobility. (Art. I, sec. 9, par. 8; Art. I, sec. 10, par. 1.)

2. "The Citizens of each State shall be entitled to all Privileges and Immunities of Citizens in the several States." (Art. IV, sec. 2, par. 1.)

3. Slavery is forbidden. (Amendment XIII.)

4. "No State shall …… deny to any persons within its

---

② George A. Peek, Jr., ed., *The Political Writings of John Adams* (New York: Liberal Arts Press, 1954), p. 133.
③ Ibid.

jurisdiction the equal protection of the laws." (Amendment XIV, sec. 1.)

5. "The right of citizens of the United States to vote shall not be denied or abridged by the United States or by any State on account of race, color, or previous condition of servitude." (Amendment XV.)

6. "The right of citizens of the United States to vote shall not be abridged by the United States or by any State on account of sex." (Amendment XIX.)

Political equality has been extended still further by various provisions of the state constitutions, and by liberal judicial interpretations of constitutions and laws. Social equality, intellectual equality, and economic equality have also been increased through legislation: progressive income and inheritance taxes, free and subsidized education, public libraries, minimum wage laws, and "Fair Employment Practices" acts.

However, constitutional guarantees and public policy do not provide a complete picture of the relative status of individuals within a society. There is more to equality than equality of opportunity, distributive justice, equal protection of the laws, mass suffrage, and the absence of hereditary titles. Equality is also a state of mind. The "feeling" or "sense" of equality determines the nature of public policy; at the same time it pervades those areas of national life which are beyond the reach of laws, administrative acts, and judicial decisions. An early visitor to this nation began his classic study of the American scene by attempting to describe the nature and source of the equalitarian climate which he found so prevalent:

> Among the novel objects that attracted my attention during my stay in the United States, nothing struck me more forcibly than the general equality of condition among the people. I readily discovered the prodigious influence that this primary fact exercises on the whole course of society; it gives a peculiar direction to public opinion and a peculiar tenor to the laws; it imparts new maxims to the governing authorities and peculiar habits to the governed.
>
> I soon perceived that the influence of this fact extends far beyond the political character and laws of the country, and that it has no less effect on civil society than on government; it creates opinions, gives birth to new sentiments, founds novel customs, and modifies whatever it does not produce. The more I advanced in the study of American society, the more I perceived that this equality of condition is the fundamental fact from which all others seem to be derived and the central point at which my observations constantly terminated. ④

What is meant by liberty? I would define it broadly. Liberty is less than license, and more than the absence of governmental restraints. It has to do with "the pursuit of happiness", though it does not guarantee happiness. And to the extent that restraints-social, economic, political-become arbitrary, liberty is diminished. Liberty is the opportunity to develop one's natural endowments to the fullest possible extent.

Can liberty and equality be reconciled? Peter Viereck, of

---

④ Alexis de Tocqueville, *Democracy in America* (New York: Vintage Books, 1959), 1:3.

the American neo-conservative movement, attemps to summarize a negative view:

> According to conservative historians, parliamentary and civil liberties were created not by modern liberal democracy but by medieval feudalism, not by equality but by privilege. These free institutions-Magna Cartas, constitutions, Whitens, Dumas, and parliaments-were originally founded and bled for by medieval noblemen, fighting selfishly and magnificently for their historic rights against both kinds of tyranny, the tyranny of kings and the tyranny of the conformist masses. Modern democracy merely inherited from feudalism that sacredness of individual liberty and then, so to speak, mass-produced it. Democracy changed liberty from an individual privilege to a general right, thereby gaining in quantity of freedom but losing in quality of freedom… ⑤

Viereck continues his interpretation of the conservative historians' case against equality by citing the great English libertarians-Pitt, Burke, Sheridan-who were sent to Parliament by aristocratically controlled "rotten boroughs." It might be argued just as convincingly that American liberties, where they are not part of our English heritage, were established by the representatives of a domestic aristocracy. ⑥ The basic defect in

---

⑤ Peter Viereck, *Conservatism: From John Adams to Churchill* (Princeton, N. J.: D. Van Nostrand Company, Anvil Original, 1956), p. 28.

⑥ It has been estimated that in the early days of the Republic 120,000 out of 4,000,000 inhabitants had the right to vote. Woodrow Wilson, *History of the American People*, cited by David Cushman Coyle, *The United States Political System and How It Works* (New York: New American Library, Signet Key Book, 1954), p. 14.

this kind of argument is that it assumes the particular to be universal. Increases in liberty and the rise of an aristocracy may be seen together at certain times and in certain places; but not always and everywhere. Nor are strong rulers inevitably tyrants, the masses forever ignorant and overbearing. Which is the more oppressive: the Sedition Act of 1918, or that of 1798? Congressional witch-hunts (sanctioned by the mob), or slavery (an aristocratic institution)? And have the traditional liberties of Englishmen and Americans actually suffered at the hands of their present heirs?

Whatever the relative merits of privilege and equality, the world appears to be moving generally in the direction of the latter condition.

> The various occurrences of national existence have everywhere turned to the advantage of democracy… The gradual development of the principle of equality is therefore, a providential fact. It has all the chief characteristics of such a fact: it is universal, it is lasting, it constantly eludes all human interference, and all events as well as all men contribute to its progress. ⑦

And ethnic minorities continue to aspire to positions which are denied them; workers demand still higher wages; and colonial subjects clamor for independence, and celebrate independence by threatening their neighbors. Those who feel that equality leads to mediocrity and disorder call attention to the present state of the arts and mass communications media,

---

⑦ Tocqueville,*Democracy*, 1:6.

and to the endless fashions, fads, and fancies of nations which seem so often in doubt as to what they want and where they are going. They ask whether disorder and mediocrity, the decline of custom and culture, can be other than a prelude to the eventual withering away of freedom itself. In short, will Western democracy continue to survive, and evolve, or does it contain the seed of its own destruction: ever greater equality. Or: can liberty and equality be reconciled?

Perhaps the final verdict of history will be that equality is not incompatible with liberty, but essential to liberty. Do we accept Jefferson's concept of "a natural aristocracy among men"? It is important that we decide. For such an aristocracy cannot rise to its rightful position in a society based upon inequality, and it cannot flourish where men limit the reservoir of talent and leadership from which they might draw by subjecting large segments of the population to perpetual ignorance and poverty.

LIST OF REFERENCES

Coyle, David Cushman. *The United States Political System and How It Works*. New York: New American Library, Signet Key Book, 1954.

Padover, Saul K., ed. *Thomas Jefferson on Democracy*. New York: New American Library, Mentor Books, 1953.

Peek, George A., Jr., ed. *The Political Writings of John Adams*. New York: Liberal Arts Press, 1954.

Tocqueville, Alexis de. *Democracy in America*. 2 vols. New York: Vintage Books, 1959.

U. S. *Constitution*.

Viereck, Peter. *Conservatism: From John Adams to Churchill*. Princeton, N. J.: D. Van Nostrand Company Anvil Original. 1956.

研究报告范例之三

THE WORK OF F. SCOTT FITZGERALD
IN RELATION TO THE TWENTIES

By
Carolyn Winters
English 102P
April 13, 1959

OUTLINE
THE WORK OF F. SCOTT FITZGERALD
IN RELATION TO THE TWENTIES

THESIS: The work of F. Scott Fitzgerald reflects the conflicts and adjustments being made in American social behavior and thought during the 1920's. *(Central idea or thesis stated in one sentence)*

I. The 1920's were times of re-evaluation for the American people. *(Introductory section sketching background)*
   A. The former idealism and belief in the American success story failed.
   B. After World War I the American people wanted "normalcy."
      1. They rejected the League of Nations.
      2. They elected Harding in 1920.
   C. The younger generation had been disillusioned by the war.
   D. The feminine ideal was completely changed.
      1. Women received the vote in 1920.
      2. They bobbed their hair, shortened their dresses, and drank and smoked.
      3. They revised their ideas of love.
   E. The Prohibition Amendment was flagrantly disobeyed.
   F. Interest in science made Freud influential.
      1. People followed his warnings against restraints.
      2. People began to regard courting and marriage more lightly.
      3. The main idea was to get pleasure out of life.

II. The young writers emerged as spokesmen for the era. *(Short section that provides transition)*
   A. They went into exile in Europe.
   B. They had negative values.

III. In this group Fitzgerald was one of the most representative of his age. *(Central section of paper)*
   A. He believed that the war had robbed his generation.

– i – *(Small Roman numeral between dashes for first page preceding text)*

    B. His love for Zelda Sayre was an important influence on his work.
       1. He wrote *This Side of Paradise* to get enough money to marry her.
       2. For the rest of his life he produced for her.
       3. This period began his "search for paradise."
       4. *The Beautiful and Damned* shows Fitzgerald's feelings toward his wife.
    C. Fitzgerald's views are reflected in his best novel, *The Great Gatsby*.
       1. It shows the failure of the American dream.
       2. The two main characters represent two of Fitzgerald's views.
       3. Gatsby's dream was corrupt in itself.
    D. Fitzgerald's life degenerated.
       1. He drank for weeks.
       2. He was perpetually in debt.
IV. Fitzgerald's own breakdown paralleled that of the period.
    A. He withdrew from society.
    B. *Tender Is the Night* comes from this period and portrays deterioration.
    C. His last work, left unfinished, was an attack on the business world.
V. Fitzgerald's greatest significance lies in his reflection of the era.
    A. His books form a search for paradise.
    B. He drew on personal experience, which paralleled the life of the twenties.
    C. He is best thought of as the conveyer of the ideas of his age.

---

ii → Pages before text numbered with small Roman numerals

Special section for end of age and author

Concluding section. Note that five main headings were sufficient

THE WORK OF F. SCOTT FITZGERALD IN RELATION TO THE TWENTIES

    America, emerging victorious from the "war to end all wars," was in a period of severe growing pains from 1919 to 1929. Her industries were booming; prosperity had reached an all-time high. Yet the idealism which had surrounded World War I and the belief in the Horatio Alger success story began to wane. The idealism, symbolized in the figure of Woodrow Wilson, went out with the first rejoicing over the Armistice, and the American success story cracked slowly and painfully throughout the decade.

    The era began with a feeling of relief from old bonds, heightened into orgiastic revelry in new-found freedom, soured into boredom, and finally collapsed with the stock market crash. At the end of World War I the American people were eager to enjoy themselves and forget about the rest of the world. They showed this to Wilson as they persistently turned a deaf ear to his pleadings and rejected the League of Nations. In 1920 Republican Warren G. Harding's friendliness and good looks won him the presidency on a ticket which preached a return to "normalcy." Harding's administration set the policy of high tariffs, lower taxes on business, and encouragement of trade associations which dominated Republican rule for the next ten years.

    The nation was prosperous, and new industries boomed.[1] Material wealth gave the younger generation a chance to display a disillusionment it had gained from the war. Young Americans had marched off to war with patriotic phrases

---

[1] See James Edmund Rookan, "The United States in a Revolutionary Century, 1919–1953," *Encyclopedia Americana* (1956), XXVII, 549–550, for a discussion of the automotive and related industries, for example.

– 1 –

2

ringing in their ears, searching for adventure; when they returned, the pretty phrases had been replaced by realities. In speaking of their futile search for the promised golden era, John W. Aldridge says in the preface to his book, *After the Lost Generation*, "Not only had the new age not arrived but there seemed little likelihood that it was going to;... we concluded... that we had been keeping alive and making love to an illusion."[2]

Many Americans had volunteered with the Norton-Harjes motor unit in Paris rather than going into combat service. In this way they became observers whose loyalties were not directly involved. From the sidelines they could search for the adventure and romance of foreign countries. Those who actually fought found the harsher truths of war's false glory. This combination of attitudes was later reflected in the postwar literature; as Aldridge states, it was a "...blend of tenderness and violence, innocence and numbness...all... sad and forsaken, beautiful and damned."[3] Above all, the war made the younger generation think and live under the tension of war. Prewar life seemed dull and they began to live intensely to keep up the excitement of the war years. More important, this generation could not accept the moral admonitions of parents who had promised them an ideal world, and instead had subjected them to the filth of a war without glory.[4]

Perhaps the most notable change in the social scene was the change in the feminine ideal. In 1920 women received the franchise, which came to stand more as a symbol of equality

---

[2] New York, 1951, p. xii.
[3] Aldridge, p. 6.
[4] Frederick Lewis Allen, *The Big Change* (New York, 1952), p. 134.

3

than as a sign of an interest in politics.⁵ The emancipated woman began to bob her hair, shorten her skirts, work for a living, drink and smoke in public, and discuss freely subjects formerly taboo. Women worshiped unripened youth; strove to be playmates of men; searched for sex, not romantic love; and snubbed the traditional role of devoted mother and housewife.

The fate of the Prohibition Amendment showed clearly the swift changes in social tides. In 1920 prohibition had been instituted with amazing speed, but by 1923 the hip flask had become a sign of freedom. During this time the cocktail party became an American institution, as women joined men in social drinking. Speakeasies and bootleggers had a growing business and became monuments to the rebellion against old standards.

Science was the only intellectual pursuit which captivated intellectual circles, and young people turned to the science of the mind, psychoanalysis. Freud's warnings against restraint led to a revision in standard concepts of sexual relationships. Frankness and bored experience became the order of the day. Those who did not read Freud consumed sex magazines with greed. Closed cars became the courting place and gave young couples a new freedom from watchful eyes. Not only did divorces become more common, but the divorcee had a sophistication and scandal about her that was appealing to the age. The fashion was to be so blasé as to be unshockable, and so frank as to be shocking. Beneath the whole sophisticated veneer was disillusionment. The new generation was groping for a code to replace the one they had destroyed.⁶

The main command in this new society was that one enjoy oneself. The abandonment of puritanical and Victorian

---

⁵ Indeed, one of the characteristics of the era was lack of interest in all affairs of consequence; including politics. See Allen, *Big Change*, p. 133.

⁶ Frederick Lewis Allen, *Only Yesterday* (New York, 1957), p. 71.

> Second reference. Name and title both needed because two Allen books in bibliography

4

restraints left people free to become lost in the pursuit of happiness. The philosophy of lost ideals could easily become a religion in itself. John W. Aldridge says of this religion of lostness, "... if one believed in nothing one was obliged to practice the rituals of nothingness, and these were good and pleasurable."[7]

Of course, not everyone accepted the new philosophy, but the spokesmen for the era did. The young authors, disillusioned by the breakdown of traditional values demonstrated by World War I and the years following, became known as the "lost generation." Rejecting postwar America and its seemingly deadly normalcy, they turned with some hope to exile. Their idea of this exile was formulated in Harold Stearns' *Civilization in the United States*, a collection of essays on American life by about thirty intellectuals. According to this group, life in America was not worth living; therefore, the young artist had to leave the United States to preserve his talent.[8]

Stearns himself went to France soon after his book was published, and most of the young American authors followed him. Hemingway, Fitzgerald, Dos Passos, and Cummings were among those who went into exile to drink, play, and write. The protests they made were not against any particular situation, but were a cry against life itself. However, negative as they were, their attitudes were stimulating to literature. Aldridge contends that their values "were at least good values for the literature of the time, and they were better than no values at all";[9] and Allen claims that without the old restraints on art, "... [one] could tell the truth."[10]

---

[7] Aldridge, p. 16.
[8] Cited by Aldridge, p. 12.
[9] Aldridge, p. 19.
[10] *Big Change*, p. 138.

5

The frank type of literature these authors produced even forced a change in the wording of the Pulitzer Prize. Being unable to find books which "present the wholesome atmosphere of American life and the highest standard of American manners and manhood," the judges substituted "whole" for "wholesome" and omitted reference to "highest standards."[11]

Into the midst of this new society came F. Scott Fitzgerald, whose rise to fame and fortune followed closely the rise of the new order. From St. Paul, Minnesota, where he had been born in 1896, he followed his dream to the East, to Europe, and finally to the West Coast. As early as his years at Princeton, he strove to be accepted as a social success. Although he had served in the army without seeing combat, he was convinced that the war had robbed his generation; as he asserted in a letter to a cousin: "... it looks as if the youth of me and my generation ends sometime during the present year; ...every man I've met who's been to war, that is this war, seems to have lost youth and faith in man...."[12]

While stationed at an army camp in Montgomery, Alabama, Fitzgerald met and fell in love with Zelda Sayre. Zelda was a perfect example of the sophisticated young flapper who abounds in Fitzgerald's works. But she was unattainable to him because he didn't have the money to give her everything she wanted. Although she said she loved him, Zelda continued to date others, and Fitzgerald knew that he must raise money and win her quickly. During the summer of 1919 he went back to St. Paul and revised an old manuscript; it became *This Side of Paradise*.

When Scribner's accepted the book for publication, he and Zelda became engaged, and as soon as it came out they

---

[11] Allen, *Only Yesterday*, p. 84.
[12] Quoted by Arthur Mizener, *The Far Side of Paradise* (Boston, 1951), p. 69.

> Quotation woven smoothly into sentence

> Smooth transition to central section of paper

were married. This incentive to produce for Zelda continued throughout his life and led him to write volumes of second-class short stories to pay the bills for their extravagant living.[13]

  This Side of Paradise introduces the theme of the search for paradise which characterized all of Fitzgerald's works. The rejection of old standards and the acceptance of happiness as the primary goal first appear here, grow in *The Beautiful and Damned*, reach a peak in *The Great Gatsby*, and fall in utter disillusionment in *Tender Is the Night*. Although each new book stretches further for paradise, the dream is finally killed in *The Great Gatsby*, and after that Fitzgerald's judgment of the age becomes highly critical. Maxwell Geismar explains this search for paradise in Fitzgerald's major novels as "one which springs from the hero's consciousness of guilt and his need for expiation."[14] The fact that these books present replicas of the wildness of the twenties is perhaps not as strange as the fact that they catch the flaw in the new way of life.

  Arthur Mizener attributes the reality of Fitzgerald's books to the fact that "The myths of his fiction were made out of the concrete experiences and the social ideals of his world...."[15] *This Side of Paradise* described for the first time the frank attitude of young Americans trying to live according to their new standards. The book became a proclamation for the younger generation. As it defines its own plight:

> Here was a new generation, shouting the old cries, learning the old creeds...destined finally to go out into that dirty gray turmoil ... grown up to find all gods dead, all wars fought, all faiths in man shaken.[16]

---

[13] He of course wrote such fine stories as "The Jelly-Bean" and "Babylon Revisited," but too much of his work was frankly commercial.

[14] *The Last of the Provincials* (Boston, 1949), p. 292.

[15] *Far Side of Paradise*, p. 99.

7

The Beautiful and Damned, which was published in 1922, definitely reflected the Fitzgeralds' own relationships. In the book the search for paradise takes the form of Anthony and Gloria's search for love. The crumbling of their love after marriage represents the crumbling of paradise. Anthony's chief frustration begins with Gloria because she is both his ideal and his jailor.[17] One passage from *The Beautiful and Damned*, describing Anthony and Gloria's marriage, comes close to this feeling: ◄──── Formal introduction to long quotation

> But knowing they had had the best of love, they clung to what remained. Love lingered—by way of long conversations at night..., by way of deep and intimate kindnesses they developed toward each other, by way of their laughing at the same absurdities and thinking the same things noble and the same things sad.[18]

In a letter to his daughter in 1938 Fitzgerald told of ◄──── Facts about letter established in text; source given in footnote 19, below
ambivalent feelings toward Zelda:

> When I was your age I lived with a great dream.... Then the dream divided one day when I de-decided to marry your mother after all, even though I knew she was spoiled and meant no good to me.... You came along and for a long time we made quite a lot of happiness out of our lives. But I was a man divided—she wanted me to work too much for her and not enough for my dream.[19]

◄──── Ellipsis mark plus period indicating omission of words after end of sentence

The Great Gatsby, generally acknowledged as ◄──── Name of author whose works are being discussed may be omitted from footnote for brevity
Fitzgerald's best novel, brings to a high point the idea of paradise lost and corrupted. In Gatsby is found the final

---

[16] *This Side of Paradise* (New York, 1920), p. 304.
[17] Geismar, p. 304.
[18] New York, 1922, p. 156.
[19] Quoted by Mizener, *Far Side of Paradise*, p. 122. ◄──── Author and title given in text

8

failure of the American dream. From obscure beginnings in the Midwest, Gatsby, like Fitzgerald himself, climbs the financial ladder to social prominence. His great empire centers around his week-end parties, to which most people come uninvited. These are seen through the eyes of Nick Carraway, who serves as judge of all the participants. He carefully describes them with the eyes of an outsider:

> In his blue gardens men and girls came and went like moths among the whisperings and the champagne and the stars.... Every Friday five crates of oranges and lemons arrived from a fruiterer in New York—every Monday these same oranges and lemons left his back door in a pyramid of pulpless halves.[20]

Gatsby's dream of Daisy is corrupt in itself, and he spends all his time striving for a moment past. He tries to manufacture and buy happiness. The tragedy is not Gatsby's death, but rather the unworthiness of his dream, actually a myth. The book ends with the bleak statement, "So we beat on, boats against the current, borne back ceaselessly into the past."[21] *(Footnote not really needed here; reference clear in text)*

By using Nick to represent judgment, and Gatsby to represent paradise sought after, Fitzgerald was able to separate these two elements of his own person. He was seeking to express the consequences of such abandonment and belief in bought pleasure.

Fitzgerald's own life had become one of increased drunkenness and thrills. He found that to satisfy Zelda he had to give endless parties, and to pay for these he had to write second-class literature. He was constantly in debt, more from an unconcern about money than anything else. Mizener expresses his dilemma clearly:

---

[20] New York, 1925, p. 47.
[21] *Gatsby*, p. 218.

9

> So, distrusting the methods by which money is acquired and disliking the money these methods produced ..., he salved his conscience by noticing the money itself as little as possibleand refusing to live in awe of it.[22]

Tied up with his carelessness about money was the fact that Fitzgerald always believed that he could make himself famous. More than this, he believed that he deserved to make money for his effort. His cardinal belief in this manufactured paradise is stated in *The Crack Up*: "Life was something you dominated if you were any good. Life yielded easily to intelligence and effort...."[23]

In 1925 he went to France to work on a new book and save money. Instead, he partied on, sometimes being drunk for weeks at a time. Two trends in his life became apparent at this time. First, his drinking developed into alcoholism; and second, much of his practical joking became less funny and more destructive.[24] He returned to America in two years, and after having done almost no work, he was worn out by the gay life.

Fitzgerald later wrote that it was at this time that the crack-up in the search for paradise became evident:

> By 1927 a wide-spread neurosis began to be evident, faintly signalled, like the nervous beating of the feet...contemporaries of mine had begun to disappear into the dark maw of violence.[25]

From his later years evolved his view of his own personal crack-up, as well as that of his society. His wife became insane and spent many years in an institution, while

---

[22] Arthur Mizener, "Fitzgerald in the Twenties," *Partisan Review*, XVII (January 1950), 23.
[23] *The Crack Up*, ed. Edmund Wilson (New York, 1945), p. 69.
[24] For details, see Mizener, "Fitzgerald," pp. 26 and 36.
[25] *Crack Up*, p. 20.

Footnote used for support of statement

Standard form of footnote for article in periodical

10

Fitzgerald himself sought to express his own emotional numbness. It seems that their intense living had sucked all feeling for life from the Fitzgeralds. Aldridge sees the link between Fitzgerald and his age most clearly in the breakdown, asserting that, "He [Fitzgerald] was supremely a part of the world he described, so much a part that he made himself its king and then, when he saw it begin to crumble, he crumbled with it and led it to death."[26]

Near the end of his life he withdrew from society to write in solitude. He could no longer bear the presence of people, and it was an effort even to be civil. Of his own personality he said, "I have now become a writer only. The man I had persistently tried to be became such a burden that I cut him loose...."[27]

At this time he spoke of his youthful happiness as a parallel to the boom:

> and I think that my happiness, or talent for self-delusion or what you will, was an exception. It was not the natural thing but the unnatural—unnatural as the Boom: and my recent experience parallels the waves of despair that swept the nation when the Boom was over,[28]

Tender Is the Night, which was published in 1934, shows this utter deterioration of paradise. Perhaps most significant is the setting of Europe, symbolizing the "exile's" last hope. In the end, Doctor Diver turns his back on Europe as a final repudiation of the corrupted paradise.[29]

In 1940 Fitzgerald died of a second heart attack, leaving the unfinished manuscript for *The Last Tycoon*. He died while working feverishly to complete it, and thus was thwarted in his final attempt at greatness. Many critics feel that it might

---

[26] Aldridge, p. 57.
[27] *Crack Up*, p. 83.
[28] *Crack Up*, p. 84.
[29] Aldridge, pp. 46–48.

have indeed been a great book. "That this harvest was denied him," contend Leo and Miriam Gurko, "seems the...ironic frustration...of a man whose reputation will...rest upon his several studies of irony and frustration."[30]

Stahr, the main character in *The Last Tycoon*, was the builder of an industry, who possessed qualities of brilliance and organization. But Fitzgerald saw this type of capitalist, the highly personal creator and manager of a large enterprise, acting an impossible role in the society that followed the twenties. Although Fitzgerald admired much about his type, Stahr was doomed. Fitzgerald was now attacking what he had always considered dull—the business world. This attack was part of the writers' protest against the capitalism which was maturing and changing in the thirties.[31]

The pilgrimage to paradise had almost reached its conclusion, and Aldridge explained it as a cycle of frustration:

> Amory Blaine's infatuation with wealth set the key for Anthony Patch's corruption by wealth. In Gatsby, Fitzgerald sounded the futility of his dream only to re-embrace the rich in Dick Diver and discover the real futility of the spiritually bankrupt; and as Anthony, Gatsby, and Dick were destroyed, so Stahr prepares us for the final destruction, that ultimate collapse of self which comes after all dreams have died.[32]

Most critics agree that the real significance of F. Scott Fitzgerald lies in his accurate reflection of the nineteen twenties, rather than in the universality of this philosophy. Mark Schorer draws a parallel between his life and the life of the twenties: "His life was an allegory of life between two world wars, and his gift lay in the ability to discover figures

---

[30] "The Essence of F. Scott Fitzgerald," *College English*, V (April 1944), 376.
[31] Geismar, p. 370.
[32] Aldridge, p. 56.

12

which could enact the allegory to the full."³³ One could almost make a graph of his life, the social life of the twenties, and his books to show the same feverish searching for new values. The innovators of the twenties had produced a revolution in social standards which brought only destruction to themselves. They had learned that the roads of extreme lead to ruin. Their search for adventure and romance, for escape from sterility, led in the end to that very sterility.³⁴

    Our final tribute to F. Scott Fitzgerald must be that

> What matters and will continue to matter is that we have before us the work of a man who gave us better than anyone else the true substance of an age, the dazzle and fever and ruin.³⁵

[Idea of quotation elaborated for effectiveness]

[A quotation is not always the best way to conclude, but this quotation is an eloquent summary of the thesis]

---

³³ "Fitzgerald's Tragic Sense," *Yale Review*, XXXV (August 1945), 188.
³⁴ Aldridge, p. 22.
³⁵ Aldridge, p. 58.

BIBLIOGRAPHY

Aldridge, John W. *After the Lost Generation.* New York: McGraw-Hill Book Co., 1951.

Allen, Frederick Lewis. *The Big Change.* New York: Harper & Bros., 1952. [Long dash used instead of name in second work by same author]

———. *Only Yesterday.* New York: Bantam Books, 1957.

Fitzgerald, F[rancis] Scott [Key]. *The Beautiful and Damned.* New York: Charles Scribner's Sons, 1922.

———. *The Crack Up*, ed. Edmund Wilson. New York: New Directions, 1945.

———. *The Great Gatsby.* New York: Grosset & Dunlap, 1925.

———. *Tender Is the Night.* New York: Charles Scribner's Sons, 1934.

———. *This Side of Paradise.* New York: Charles Scribner's Sons, 1920.

Gaismar, Maxwell. *The Last of the Provincials.* Boston: Houghton Mifflin Co., 1949.

Gray, James. "Minnesota Muse," *Saturday Review*, XVI (June 12, 1937), 4–5. [Reference to an article]

Gurko, Leo, and Miriam Gurko. "The Essence of F. Scott Fitzgerald," *College English*, V (April 1944), 372–76. [Joint authors]

Hoffman, Frederick J. *The Twenties.* New York: The Viking Press, 1955. [Reference to a book used for background but not directly cited in text]

Mizener, Arthur. *The Far Side of Paradise.* Boston: Houghton Mifflin Co., 1951. [Normal basic form for a book]

———. "Fitzgerald in the Twenties," *Partisan Review*, XVII (January 1950), 7–38.

Rookan, James Edmund. "The United States in a Revolutionary Century, 1919–1953," *Encyclopedia Americana* (1956), XXVII, 549–53. [Encyclopedia reference]

Schorer, Mark. "Fitzgerald's Tragic Sense," *Yale Review*, XXXV (August 1945), 187–88.

– 13 – [Paging continuous with text, at bottom between dashes for page with title]

本书重要参考书目

*

中文部分

1. 陈如一译:《研究方法与报告写作》(台北:中华文化出版事业社,1961年)。
2. 思敏:《大学论文研究与写作》,(第3版)(台北:文致出版社,1974年)。
3. 陈善捷译:"如何研究与撰写论文",载《教育资料科学月刊》,第7卷第5、6期(1975年6月):第27—30页;第8卷第2、3期(1975年9月):第24—27页;第8卷第4期(1975年10月):第23页、第27—30页;第8卷第5、6期(1975年12月):第36—38、39页;第9卷第2期(1976年3月):第38—39页。
4. 言心哲:《大学毕业论文的作法》,(第3版)(台北:商务印书馆,1976年)。
5. 张存武、陶晋生:《历史学手册》(台北:食货出版社,1976年)。
6. 房志荣、沈宣仁:《学术工作与论文》(第3版)(台北:先知出版社,1976年)。
7. 魏镛:《中文学术论文注释简则刍议》(台北:政治大学国际关系研究中心,[出版时间不详])。
8. 台湾大学政治学研究所编:《毕业论文准则及格式》(台北:编

者印行,[出版时间不详])。
9. 刘惠林:"撰著学术论文的理论与实际",载《东方杂志》,上篇:复刊第9卷第11期(1976年5月1日):第32—37页;下篇:第12期(1976年6月1日):第37—46页。
10. 杜拉宾(Kate C. Turabian)著、马凯南译,杨汝舟审校:《大学论文研究报告写作指导》(台北:黎明文化事业股份有限公司,1977年)。
11. 宋楚瑜编:《学术论文规范》(台北:正中书局,1977年)。
12. 张春兴:"撰写研究报告",载杨国枢等编:《社会及行为科学研究法》(下册)(台北:东华书局,1978年),第907—932页。
13. 美国现代语言协会编著:《MLA论文写作手册》(第7版)(*MLA Handbook for Writers of Research Papers*, 7/e)台北:书林出版有限公司,2010年。
14. A.P.A著,陈玉玲、王明杰译:《美国心理学会出版手册:论文写作格式》(第6版)台北:双叶书廊,2011年。

英文部分

1. Cecil B. Williams. *A Research Manual for College Studies and Papers*. Third Edition. New York: Harper & Row, 1963.
2. Donald A. Sears, *Harbrace Guide to the Library and the Research Paper*. Second Edition. 台北:双叶书店,1971年。
3. Kate L. Turabian, *A Manual for Writers of Term Papers, Theses and Dissertations*, 4th ed. Chicago: University of Chicago Press, 1973; reprint ed., 台北:虹桥书店,1975年。
4. _____. *Student's Guide for Writing College Papers*. Third Edition. Chicago: The University of Chicago Press. 1976.
5. Lucyle Hook and Mary Virginia Gaver. *The Research Paper: Gathering Library Material, Organizing and Preparing the*

Manuscript. Third Edition. Englewood Cliffs, New Jersey: Prentice-Hall, Inc., 1962.

6. Roberta H. Markman and Marie L. Waddell. 10 *Steps in Writing the Research Paper*. Revised. Woodbury, New York: Barron's Educational Series, Inc., 1971.

7. Robert B. Downs and Clara D. Keller, *How to Do Library Research*. Second Edition. Urbana, Ill.: University of Illinois, 1975.

著作权合同登记号　图字：01-2014-1365
图书在版编目(CIP)数据

如何写学术论文/宋楚瑜著. —最新版. —北京：北京大学出版社，2014.5
ISBN 978-7-301-24123-3

Ⅰ. ①如… Ⅱ. ①宋… Ⅲ. ①论文-写作 Ⅳ. ①H152.3

中国版本图书馆 CIP 数据核字(2014)第 070973 号

著作财产权人：三民书局股份有限公司

本书中文简体字版由三民书局股份有限公司授权北京大学出版社有限公司与九州出版社在中国境内(台湾、香港、澳门地区除外)联合出版。

本书中文简体字版禁止以商业用途于台湾、香港、澳门地区散布、销售。

版权所有，未经著作财产权人书面授权，禁止对本书中文简体字版之任何部分以电子、机械、影印、录音或其他方式复制或转载。

书　　　名：	如何写学术论文（最新版）
著作责任者：	宋楚瑜　著
责 任 编 辑：	苏燕英　王守兵
特 邀 编 辑：	董彦斌
标 准 书 号：	ISBN 978-7-301-24123-3/D·3559
出 版 发 行：	北京大学出版社　九州出版社
地　　　址：	北京市海淀区成府路 205 号　100871
网　　　址：	http://www.yandayuanzhao.com
新 浪 微 博：	@北京大学出版社
电 子 信 箱：	yandayuanzhao@163.com
电　　　话：	邮购部 62752015　发行部 62750672　编辑部 62117788
	出版部 62754962
印　刷　者：	三河市北燕印装有限公司
经　销　者：	新华书店
	965 毫米×1300 毫米　16 开本　16.25 印张　184 千字
	2014 年 5 月第 1 版　2022 年 11 月第 7 次印刷
定　　　价：	35.00 元

未经许可，不得以任何方式复制或抄袭本书之部分或全部内容。
版权所有，侵权必究
举报电话：010-62752024　电子信箱：fd@pup.pku.edu.cn